Familienküche

Ganz entspannt:
Planen, einkaufen, kochen

Unser Service für Sie

Wenn neue Gesetze und Verordnungen in Kraft treten oder sich zum Beispiel Förderbedingungen oder Leistungen ändern, finden Sie die wichtigsten Fakten in unserem Aktualisierungsservice zusammengefasst.

Mit dem Klick auf **www.ratgeber-verbraucherzentrale.de/aktuell** sind Sie dann ergänzend zu dieser Auflage des Buches auf dem neuesten Stand. Diesen Service bieten wir so lange, bis eine Neuauflage des Ratgebers erscheint, in der die Aktualisierungen bereits eingearbeitet sind. Wir empfehlen, Entscheidungen stets auf Grundlage aktueller Auflagen zu treffen.

Die lieferbaren aktuellen Titel finden Sie in unserem Shop:
www.ratgeber-verbraucherzentrale.de

Familienküche

Ganz entspannt:
Planen, einkaufen, kochen

CLAUDIA KRÜGER

verbraucherzentrale

Inhalt

8 Zu diesem Buch

9 Die wichtigsten Fragen und Antworten

15 Gesunde Ernährung – was ist das eigentlich?

17 Unsere Ernährungsgewohnheiten

18 Wie Kinder gesund ernährt werden

26 Gesunde Ernährung für Erwachsene

27 Gesundes Essen für die ganze Familie

30 Die Zubereitungsart entscheidet

30 Nicht zu viel und nicht zu wenig ...

35 Welche Ernährungsweise passt zu uns?

35 Vegetarische Ernährung

37 Vegane Ernährung

40 Lebensmittelunverträglichkeiten

41 Klimabewusst essen mit der Planetary Health Diet

46 Wie lernen Kinder, sich gesund zu ernähren?

48 Passen ungesunde Lebensmittel in den Familienalltag?

51 Sind spezielle „Kinder-Lebensmittel" sinnvoll?

53 Fast Food – oder selbst gekocht?

55 Wie gut geplant alles einfacher wird

56 Die Mahlzeitenplanung

62 Einkaufen gehen: Die Herausforderung des Alltags

69 Lebensmittel einräumen und richtig lagern

79 In der Küche: Vorbereiten, Kochen, Aufräumen

55
Wie gut geplant alles einfacher wird

97
So schnell ist das Essen fertig!

110
Rezepte

89 Essen mit allen Sinnen: die Mahlzeiten

89 Wir essen gemeinsam

94 Das Prinzip der Achtsamkeit

97 So schnell ist das Essen fertig!

98 Einmal kochen – für mehrere Mahlzeiten

101 Fertiggerichte clever ergänzen

105 Kochen und essen zu Hause, in der Schule und unterwegs

105 Mit den Kindern in die Küche

105 Kochen lernen für Groß und Klein

107 Auch unterwegs gut versorgt

110 Rezepte

198 Anhang

199 Adressen

200 Register nach Hauptzutaten

204 Stichwortverzeichnis

207 Bildnachweis

208 Impressum

Rezepte

111 Gut zu wissen

112 Frühstück

113 Quarkbrötchen

114 Rote-Linsen-Aufstrich

115 Kichererbsencreme

116 Müsliriegel

118 Knuspermüsli

119 Guten-Morgen-Müsli

120 Kokos-Porridge

121 Porridge to go

122 Gefülltes Fladenbrot

123 Arme Ritter aus dem Ofen

124 Suppen

125 Gemüsecremesuppe mit Topping

126 Toppingideen für Suppen, Salate und Bowls

129 Feine Linsensuppe

130 Zucchini-Käse-Suppe

131 Tomatencremesuppe

132 Brokkoli-Schmand-Suppe

133 Salate

133 Linsensalat mit roter Bete

134 Bulgursalat

136 Bowl-Fantasien

138 Feldsalat mit Tomaten und Pistazien

139 Himbeer-Senf-Dressing

140 Bunter Nudelsalat

141 Klassischer Kartoffelsalat

142 Superschneller Nudelsalat

143 Hauptgerichte

143 Gefüllte Paprikaschoten auf Tomatensoße

144 Gnocchi „rot, grün, weiß"

146 Bulgur-Gemüsepfanne

147 Italienisches Blech

148 Cannelloni mit Gemüsefüllung

149 Gefüllte Wraps

150 Gefüllte Zucchini mit Thunfisch auf Tomatensoße
152 Mediterrane Gemüsepfanne mit Joghurt-Minz-Soße
153 Überbackene Schweineschnitzel
154 Kartoffel- und Möhrenstifte mit Kräuterquark
155 Gemüsenudeln al forno
156 Fladenbrot-Calzone
158 Italienische Polenta
159 Polentaecken mit Ratatouille
160 Ofengemüse mit buntem Quarkdip
161 Tomatensoße
162 Pesto
163 Helle Soße
164 Zwiebelsoße
165 Hackfleischsoße
166 Linsenbolognese
167 Moussaka
168 Pfannkuchen vom Blech
169 Reisbratlinge
170 Lachsauflauf mit grünem Spargel
172 Kartoffel-Spitzkohl-Eintopf
173 Gartengemüseauflauf
174 Curry-Fisch mit Lauch
175 Vegetarisch grillen
180 Bratwurstspieße
182 Hähnchentopf
183 Schlemmerfilet

184 Desserts

185 Express-Eissplittertorte
186 Erdbeercrumble
187 Mangocreme
188 Quark-Aprikosen-Auflauf
189 Schneller Tassenkuchen
190 Zimtschnecken
192 Vanillesoße
193 Fruchtsoße
194 Quarkküchlein
195 Vanillehörnchen
196 Haferflockenknusperkekse
197 Mandelmuffins

Zu diesem Buch

Genug Bewegung, ausreichend Schlaf, nicht so viel Zeit am Computer oder Fernseher und natürlich auch eine gesunde Ernährung – so sollte unser Alltag aussehen. Eltern wie auch Kinder wissen über eine gesundheitsfördernde Lebensweise heute viel mehr als noch die Generationen vor ihnen. In den Medien, in Kindertagesstätten und Schulen und auch an vielen Arbeitsplätzen wird dies kommuniziert. Und doch hapert es häufig an der Umsetzung: Es wird wenig frisch gekocht, der Medienkonsum steigt, es mangelt an genug Bewegung, der Lebensalltag wird oft als stressig empfunden und viele Erwachsene und Kinder haben Gewichtsprobleme.

Die erste Hürde ist sicher der notwendige Schwung. Mit einfachen und umsetzbaren Ideen können Sie ein genügendes Maß an Bewegung in den Alltag integrieren und mit hilfreichen Regeln den Medienkonsum begrenzen, ganz individuell für Ihre Familie.

Und auch für eine gesunde Ernährung zu sorgen, trotz stressigem Alltag, ist möglich: Mit einfachen und gesunden Rezepten und vielen Tipps und neuen Anstößen für die Umsetzung vor Ort in der Küche, die Planung, den Einkauf und die Vorratshaltung: Dabei möchte Sie dieses Buch unterstützen.

Ganz einfach gesund ernährt

Im Infoteil finden Sie viele praktische Informationen über eine ausgewogene Ernährungsweise, die auch unserem Planeten guttut. Wir zeigen Ihnen, welche Lebensmittel für die gesunde Familienernährung geeignet sind, wie eine sinnvolle Bevorratung aussieht und wie Sie stressfrei planen können, was wie auf den (Ess-)Tisch kommt. Dabei haben wir darauf geachtet, dass sich die gewählte Ernährung im Familienalltag auch mit einem engen Zeit- und Kostenbudget umsetzen lässt.

Der große Rezeptteil enthält mehr als 60 familientaugliche Rezepte ohne viel Schnickschnack, Grundrezepte zum Abwandeln, schnelle Gerichte mit Zutaten aus dem Vorrat und jede Menge Ideen für Toppings und Variationen. So können Sie jeden Tag wieder aus unkomplizierten, gesunden, wohlschmeckenden und ganz und gar nicht langweiligen Essensvorschlägen auswählen. Und damit ganz entspannt einen gesunden Familienalltag erleben und genießen.

Die wichtigsten Fragen und Antworten

→ Jährlich beantworten wir in unseren bundesweit rund 200 Beratungsstellen Hunderttausende von Fragen und helfen bei der Lösung von Problemen, die Verbraucherinnen und Verbraucher an uns herantragen. Aus dieser täglichen Praxis wissen wir, wo der Schuh drückt und wie konkrete Unterstützung aussehen muss.
Diese Erfahrungen sind Grundlage unserer Ratgeber: mit präzisen, verbraucherorientierten Informationen, zahlreichen Tipps und Hintergrundinformationen zum besseren Verständnis.
Während unsere Ratgeber die besten Empfehlungen für Sie zusammenfassen, finden Sie auf unserer Website Kommentare und Kritiken zu aktuellen Trends und Themen.
Sollte für eine individuelle Frage weiterer Besprechungsbedarf bestehen, hilft unsere Beratung weiter. Eine Übersicht über unser umfassendes Angebot finden Sie unter:
www.verbraucherzentrale.de
Profitieren Sie von unserer Beratungspraxis!

Unsere Kinder essen in Kita und Schule mittags warm. Dürfen wir trotzdem abends noch für alle kochen?

Nur weil es „Abendbrot“ heißt, bedeutet dies nicht, dass abends nicht gekocht werden darf. Und auch, wenn die Schule bis in den Nachmittag geht und die Eltern berufstätig sind, ist eine warme Mahlzeit nur am Abend umsetzbar. In anderen Ländern ist es durchaus üblich, mehr als einmal am Tag warm zu essen. Solange Sie mit viel Gemüse kochen, spricht nichts gegen eine warme Abendmahlzeit oder gegen eine zweite warme Mahlzeit am Abend. Und auch wenn die Küche einmal kalt bleibt, stellt das kein Problem dar. An einem heißen Sommertag hat vielleicht weder jemand Lust zu kochen, noch steht der Familie der Sinn nach einem deftigen warmen Essen.

→ Seiten 23, 26, 46 f.

Mein Sohn möchte kein Fleisch mehr essen, der Rest der Familie aber schon. Sind die pflanzlichen Alternativen aus dem Supermarkt empfehlenswert?

Viele Fleischersatzprodukte sind hochverarbeitet und können Aromen und Zusatzstoffe wie Geschmacksverstärker und Farbstoffe enthalten. Schauen Sie deshalb genau auf die Zutatenliste. Ähnlich wie Fleisch und Fisch für die Nicht-Vegetarier sollten auch Fleischersatzprodukte nur gelegentlich verzehrt werden. Erhöhen Sie den Gemüseanteil, ergänzen Sie Ihre Gerichte jeweils mit einer Portion Hülsenfrüchte und/oder bieten Sie doch einen Salat dazu an, dann sind die Mahlzeiten auch ohne Fleisch oder Fisch sättigend. Viele Rezepte ohne Fleisch, die bestimmt auch dem Rest der Familie schmecken, finden Sie im Rezeptteil des Buches.

→ Seiten 38, 110 ff.

Unser Kind engagiert sich für den Klimaschutz und möchte gerne mehr vegane Gerichte essen. Worauf muss ich achten?

Wenn unterschiedliche Mahlzeiten vegan gestaltet werden, spricht überhaupt nichts dagegen, allerdings rät die Deutsche Gesellschaft für Ernährung ohne die Substitution bestimmter Nährstoffe von einer veganen Ernährung bei Kindern und Jugendlichen ab. Einzelne Gerichte des Tages vegan zu gestalten, ist jedoch eine gute Idee. Wählen Sie für gemeinsame Mahlzeiten Gerichte mit Hülsenfrüchten. Auch Backen lässt sich problemlos vegan. Kaufen Sie für Ihr Kind Milchersatzprodukte, greifen Sie zu solchen, die mit Kalzium angereichert sind.

→ Seiten 37 ff., 41 ff.

Mich nervt das ständige Einkaufen. Gibt es Tipps, was man in welcher Menge am besten immer vorrätig hat?

Wer gezielt einkauft und einen gute Überblick über die Vorräte hat, spart deutlich Zeit und Nerven. So genügt bei guter Planung ein Wocheneinkauf, einzig frisches Gemüse, Obst und Brot muss eventuell noch einmal nachgekauft werden. Was im Vorratsschrank vorhanden sein sollte, erklären wir auf Seite 66, ebenso bieten wir Ihnen eine Vorlage für Ihre Einkaufsliste: 67. Werden Vorräte immer an der gleichen Stelle aufbewahrt und nach Verfallsdatum sortiert, hilft das den Überblick zu behalten und Lebensmittelabfälle zu vermeiden.

→ Seiten 62 ff., 72 f.

Einer mag keine Tomaten, die andere keinen Brokkoli: Wie bringe ich meine Kinder dazu, Neues zu probieren?

Wenn Sie alle Lebensmittel streichen, die ein Familienmitglied nicht mag, wird Ihr Speiseplan schnell sehr eintönig. Und ja, viele Kinder sind wählerisch. Bieten Sie die unterschiedlichen Gemüsesorten immer wieder an, denn die Vorlieben der Kinder ändern sich. Wenn Freunde eingeladen sind oder die Kinder vielleicht auch bei der Zubereitung helfen, wird das bislang ungeliebte Gemüse möglicherweise plötzlich doch gegessen. Bleiben Sie gelassen! Und es ist kein Drama, wenn ein Kind bei einer Mahlzeit mal nur die Nudeln oder Kartoffeln pur isst.
→ Seite 18 f.

Das viel zitierte Stichwort „Meal Prep“ klingt vielversprechend, aber wie verringere ich den Kochaufwand denn im Alltag?

Vorkochen heißt das Zauberwort und auch hier ist eine Investition in die Planung gefragt: Wer bei den Pellkartoffeln die doppelte Menge kocht, kann am nächsten Tag Kartoffelsalat servieren. Der zeitliche Aufwand für einen Eintopf wird nicht viel größer, wenn Sie die doppelte Menge zubereiten und einen Teil einfrieren. Mehr Tipps finden Sie unter „Einmal kochen – für mehrere Mahlzeiten“ und auch in unseren Rezepten ab → Seite 110

Mixer, Sandwich-Maker, Reiskocher ... welche Spezialgeräte brauchen wir in der Küche wirklich?

Diese Frage lässt sich nur individuell für jede Familie beantworten. Ernährungsvorlieben und auch der vorhandene Stauraum sind entscheidend. Vielleicht lässt sich das ein oder andere Spezialgerät, das Sie selbst nur selten nutzen würden, bei Freunden oder Nachbarn ausleihen? Was zur Grundausstattung gehört, erläutern wir auf → Seite 79

Unser Kühlschrank ist riesig und irgendwie immer proppevoll. Wo lagert was am besten, damit es lange haltbar bleibt?

Für den Kühlschrank gilt das Gleiche wie für die Vorratsschränke: Stellen Sie die gleichen Produkte zusammen immer an die gleiche Stelle. Produkte mit kürzerem Haltbarkeitsdatum nach vorn, Unangebrochenes nach hinten. Wer ein 0-Grad-Fach hat, lagert dort Fleisch, Fisch und Aufschnitt, das Gemüse gehört ins Gemüsefach, Milchprodukte fühlen sich in der Kühlschrankmitte wohl, eingelegtes Gemüse wie Oliven und Gewürzgurken kommen ganz nach oben. In die Kühlschranktür stellen Sie Getränke. Alle weiteren Lagerungstipps finden Sie ab → Seite 69

Gesunde Ernährung – was ist das eigentlich?

Wollen wir nicht alle möglichst lange gesund und fit leben? Und wünschen wir uns nicht genau das auch für unsere Kinder? Fakt ist: Die körperliche und geistige Entwicklung und Fitness wird durch eine vollwertige Ernährung und eine gesunde Lebensweise gefördert.

Wie wir uns ernähren, das hat Einfluss auf unser Wohlbefinden. Allein mit Fast Food werden wir dick und krank, das weiß jeder. Wenn wir uns dagegen ausgewogen, abwechslungsreich und nährstoffreich ernähren, bekommt unser Körper alle Inhaltsstoffe, die er benötigt. Nicht in jeder einzelnen Mahlzeit, aber doch in der Summe all der Lebensmittel, mit denen wir unseren „Essalltag" gestalten. Eine gesunde Ernährung kann uns zudem vor der Entstehung ernährungsmitbedingter Erkrankungen wie zum Beispiel Adipositas (krankhaftes Übergewicht) oder Diabetes mellitus Typ 2 schützen. Doch was genau ist denn eine „gesunde Ernährung"?

Wir haben uns umgeschaut. Die deutsche Gesellschaft für Ernährung (DGE) definiert sie so:

„Eine gesundheitsfördernde Ernährung bildet die Basis für bedarfsgerechtes Essen und Trinken. Sie kann dazu beitragen, Wachstum, Entwicklung und Leistungsfähigkeit sowie die Gesundheit eines Menschen ein Leben lang zu fördern beziehungsweise zu erhalten. Auf Nährstoffebene ist vollwertiges Essen und Trinken charakterisiert durch ausreichend Flüssigkeit und einer dem Bedarf entsprechenden Energiezufuhr. Die energieliefernden Nährstoffe stehen dabei in einem ausgewogenen Verhältnis. Eine vollwertige Ernährung liefert außerdem Vitamine, Mineralstoffe, Ballaststoffe und sekundäre Pflanzenstoffe in ausreichender Menge."

Essen ist dabei aber auch immer individuell, nicht jedem schmeckt dasselbe. So unterschiedlich wie die persönlichen Essensvorlieben variieren natürlich auch die Portionsgrößen je nach Lebensphase und individuellem Grundumsatz. So benötigt ein 17-jähriger Teenager deutlich mehr Kalorien als eine 71-Jährige oder ein Mann mittleren Alters. Familienküche muss allerdings für alle gleichermaßen passen, ohne dass viel gerechnet werden muss.

In einer Familie regelt sich das meistens ganz von selbst, wenn jeder selbst bestimmt, wie viel von welchen Lebensmitteln oder Gerichten gegessen wird. Nur bei einseitiger Ernährung bekommen wir Probleme.

Eine ausgewogene Ernährung stellt dem Körper alle Makro- und Mikronährstoffe, die er benötigt, in ausreichender Menge zur Verfügung. Zudem enthält sie präventiv wirksame Substanzen und beugt so Krankheiten vor. Wichtig ist dabei, dass eine bedarfsgerechte Ernährung nicht für jeden gleich aussieht, sondern individuell verschieden ist und sich zudem im Laufe des Lebens verändert.

Der Energiebedarf ist ein gutes Beispiel für solche individuellen Veränderungsprozesse. Er steigert sich im Laufe der Kindheit und erreicht sein Maximum bei jungen Erwachsenen. Mit steigendem Lebensalter sinkt er langsam wieder ab, weil sich der Körper mit der Zeit verändert. Aber auch Lebensstil und körperliche Bewegung haben einen großen Einfluss, sodass die Veränderungen individuell sehr verschieden sein können. Für eine bedarfsgerechte Ernährung spielen sowohl die tägliche Lebensmittelauswahl als auch die Wahl geeigneter Portionsgrößen eine Rolle.

Vielfalt ist ein guter Grundsatz für alle, die sich ausgewogen ernähren wollen. Und wer will schon jeden Tag dasselbe essen? Im Alltag gefällt und schmeckt uns eine bunte Mischung an zubereiteten Gerichten mehr – und ist auch sehr viel gesünder – als ewig gleiche Nudeln mit Tomatensoße (auch die lassen sich wunderbar variieren → Seite 161).

Das besondere Weihnachts- oder Silvesteressen macht uns nicht krank, auch wenn es deutlich anders ist als das Alltagsessen, und ein Geburtstagsessen darf sich gerne vom Alltagsessen abheben. Zu besonderen Situationen und zu Tagen, die es zu feiern gilt, gehören möglicherweise auch ganz besondere Lebensmittel und Speisen als Genuss dazu. Alles kein Problem, weder für Erwachsene noch für Kinder und Jugendliche, wenn eine gesunde, ausgewogene Ernährung im Lebensalltag die Basis bildet.

Unsere Ernährungsgewohnheiten

Neben unseren Vorlieben für bestimmte Speisen und Gerichte bringen wir auch Ernährungsgewohnheiten mit, die von den Eltern und Bezugspersonen geprägt und von Lebensbeginn an die Kinder weitergegeben werden. Wir lernen schon als Säuglinge und Kleinkinder durch Beobachtung von vielen Situationen, in denen gegessen oder Essen zubereitet wird. Wir haben Vertrautheit erlebt, während wir gestillt oder gefüttert wurden. Denn mit der Nahrungsaufnahme werden nicht einfach nur „Nährstoffe" weitergegeben, sondern auch Wärme und Nähe.

Wir Erwachsenen sind Vorbild für das Ernährungsverhalten unserer Kinder. Natürlich vermitteln später auch Freunde und soziale Medien günstige, möglicherweise aber auch ungünstige Ernährungsweisen.

Tatsächlich sind unsere Ernährungsgewohnheiten von zahlreichen Faktoren abhängig: Welche Ernährungsformen haben unsere Eltern in ihrer Kindheit gelernt? Welche kulturellen oder religiösen Hintergründe spielen eine Rolle? Können die Eltern kochen und tun sie das auch? Wird gemeinsam am Tisch gegessen? Auch die zeitlichen und finanziellen Ressourcen beeinflussen den Lebensstil und den Essalltag.

Von gemeinsamen Mahlzeiten profitieren alle

Sie haben es in der Hand, gesundheitsförderliche Ernährungsgewohnheiten in Ihrer Familie umzusetzen: So profitiert die gesamte Familie zum Beispiel von gemeinsamen Mahlzeiten. Regelmäßiges gemeinsames Essen an einem Tisch stärkt das Familienleben, ist ein Ausdruck von Zusammengehörigkeit und bildet eine gute Plattform für Gespräche.

Ein weiterer wichtiger Baustein für eine gesunde Ernährung ist die Auswahl dessen, was auf den Tisch kommt. Die Qualität und die Quantität der Lebensmittel spielt ebenfalls eine große Rolle. Viele Dinge sind dabei zu beachten, wenn Sie gute, gesunde Lebensmittel essen und mit ihnen kochen wollen: Wie sind die Lebensmittel hergestellt, wie kann ich sie richtig lagern, welche Mengen brauchen wir überhaupt und wie werden sie richtig und schonend zubereitet, damit die Inhaltsstoffe erhalten bleiben? Und was kann ich tun, damit das Essen sowohl für die alltäglichen Mahlzeiten zu Hause als auch unterwegs in der Kita, in der Schule oder am Arbeitsplatz passt? Und – ganz wichtig: Was können wir tun, damit das alles nicht in absoluten Stress ausartet – für Eltern wie für die Kinder?

Eins sollte ein ausgewogener Essalltag auf jeden Fall nicht sein: eine zusätzliche Last im ohnehin schon überladenen Alltag. Dieses Buch will zeigen, wie Sie gesunde Ernährung leicht umsetzen können, und wie sich dies positiv auf die Lebensqualität Ihrer Familie auswirken kann.

Kinder und „gesunde Ernährung“ – geht das überhaupt?

Viele Eltern wissen, dass es nicht leicht ist, Kindern eine gesunde Ernährung schmackhaft zu machen. Meist hilft es gar nichts, Kindern zu erklären, wie gesund bestimmte Speisen oder grünes Gemüse sind. Und die Bereitschaft, mal etwas Neues zu probieren, hält sich oft auch in Grenzen.

So ist es nicht leicht, bei allen Arbeiten rund um das Essen immer gut gelaunt zu sein, wenn das Kochen nur als eine lästige Pflicht erscheint. Versuchen Sie, eine positive Einstellung zur gesunden Ernährung zu entwickeln. Die Ernährungserziehung ist eine wichtige Aufgabe, die für die ganze Familie einen Gewinn bedeutet. Wenn Sie als Eltern hier an einem Strang ziehen, dann überträgt sich genau das auch auf die Kinder. Denn Kinder lernen durch Nachahmung.

Eine (meistens) positive Stimmung beim Kochen und Zubereiten der Speisen, gemeinsame (turbulente) Mahlzeiten, das Kennenlernen neuer Speisen und Getränke sowie eine gemeinsame Mahlzeitenplanung führen automatisch dazu, dass die Kinder eine positive Essatmosphäre erleben, sich wohlfühlen und gern mitgestalten.

Mit etwas guter Planung kann das auch in einem anstrengenden Lebensalltag möglich sein, in dem Beruf, Haushalt, Kindererziehung, unterschiedliche Arbeits- und Betreuungszeiten koordiniert werden müssen.

Wie Kinder gesund ernährt werden

Kinder brauchen eine altersgemäße Ernährung, die ihnen auch schmeckt. Dazu gehören zunächst die richtigen Lebensmittel in der altersgemäßen Menge. Diese sollten vielfältig, gesund und lecker zubereitet sein und sich im Tagesverlauf in mehreren Mahlzeiten wiederfinden.

Auch Snacks und kleine Genüsse sind Teil einer solchen Ernährung. Das können Lebensmittel und Speisen sein, die wegen ihrer Inhaltsstoffe nicht unbedingt in die tägliche gesunde Familienernährung passen. Das hört sich komplizierter an, als es in Wirklichkeit ist: Viele Kinder essen gerne Pommes und Chicken Nuggets, aber frittierte Speisen sind wegen des hohen Fettgehalts nicht für die tägliche Ernährung geeignet. Pommes und Co. können aber durchaus ein Highlight zu besonderen Gelegenheiten werden.

Ähnliches gilt für das riesige Angebot an Frühstücksflocken und Fertigmüslis, die zu großen Teilen Zucker enthalten. Sie entspre-

chen von den Inhaltstoffen eher einer Süßigkeit als einem gesunden Frühstück und sind damit nicht alltagstauglich. Ein selbstgemachtes Müsli oder ein leckeres Porridge mit geringem Zuckergehalt passt dagegen schon besser auf den Frühstückstisch. Die entsprechenden Rezepte finden Sie in unserem Rezeptteil → Seite 112.

Gesund essen gelingt ganz ohne Zauberei. Mit einem Blick auf die Ernährungspyramide können Sie sehen, wie einfach es sein kann. Die Ernährungspyramide zeigt, welche Lebensmittel in welchen Portionsgrößen für die Ernährung an einem einzelnen Tag angemessen sind.

Die Ernährungspyramide

Die Ernährungspyramide sortiert die Lebensmittel in Lebensmittelgruppen nach dem 6-5-4-3-2-1-Prinzip. In jeden einzelnen Esstag passen:

- → **6** Portionen energiefreie Getränke wie Wasser oder ungesüßter Tee, sie sorgen für eine ausreichende Flüssigkeitszufuhr.
- → **5** Portionen Gemüse (inklusive Hülsenfrüchte) und Obst (3-mal Gemüse und 2-mal Obst) enthalten genügend Vitamine und Mineralstoffe und natürlich füllen sie auch den Teller und machen satt.
- → **4** Portionen Brot, Getreide (vornehmlich Vollkornvarianten) und/oder Kartoffeln liefern die Kohlenhydrate, die wir für die

Quelle: © BLE

Energiezufuhr benötigen und gemeinsam mit Gemüse und Obst auch die Ballaststoffe, die unseren Darm auf Trab halten und sättigend sind.

→ **3** Portionen Milch oder Milchprodukte, wie Käse oder Joghurt. An einzelnen Tagen kann ein wenig Fleisch, Wurst, Fisch oder auch mal ein Ei ergänzt werden, wenn dies gewünscht wird.

→ **2** Portionen Öl oder Streichfett, die zum Kochen, für Salate und als Brotbelag eingesetzt werden,

und möglicherweise

→ **1** Portion Süßigkeiten oder Snacks maximal am Tag.

Diese Mengenaufteilung der einzelnen Lebensmittel lässt sich schon kleinen Kindern spielerisch vermitteln. Kinder entwickeln so ein Gefühl für die Auswahl der Lebensmittel und die entsprechenden Portionsgrößen. So ist eben maximal eine Süßigkeit am Tag angemessen.

Wie groß eine Portion ist, das hängt vom Alter der Kinder ab.

Zur Orientierung wurde das Handmodell eingeführt: Eine Portion ist meistens eine Hand voll. So passt auf die kleine Hand eines Kita-Kindes nur eine kleine Menge Süßigkeiten, wogegen eine Portion bei einem Teenager je nach Handgröße auch ein wenig umfangreicher ausfallen kann.

→ **TIPP**

Mit der Kinderhand als Maß für die richtige Portionsgröße entspricht eine Portion klein geschnittenes oder kleinteiliges Gemüse oder Obst der Menge, die in die zur Schale geformten Kinderhände hineinpasst. Eine Portion Gemüse und Obst in großen Stücken oder als Ganzes entspricht der Menge, die in eine Kinderhand hineinpasst. Nach diesem Prinzip können Sie auch andere Lebensmittelmengen für Kinder abschätzen.

Wer es genauer wissen möchte, schaut in die Tabelle → Seite 22, in der die Lebensmittelmengen für Kinder in verschiedenen Altersklassen aufgelistet sind. Die angegebenen Mengen sollen Ihnen nur eine Orientierung liefern, denn nicht alle Kinder essen gleich viel oder gleich wenig. Mithilfe der Vorgaben werden Sie gut einschätzen können, welche Lebensmittel in Ihrem Speiseplan nicht so häufig oder gar nicht vorkommen und welche zu reichlich vertreten sind. Und mit diesem Wissen lässt sich Ihr Speiseplan anpassen, um die Nährstoffversorgung für die ganze Familie optimieren zu können.

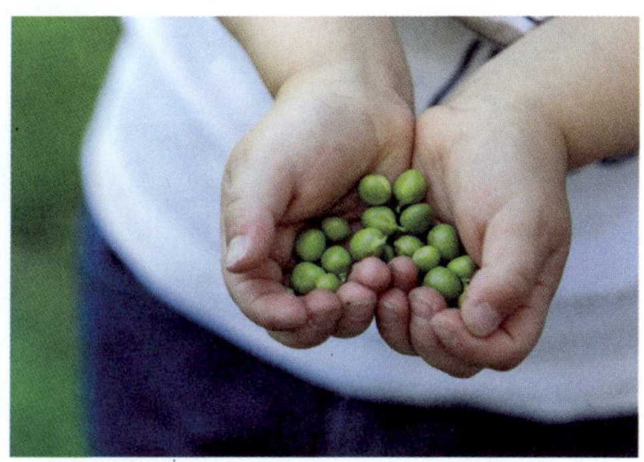

Regelmäßige Mahlzeiten sorgen für gute Laune

Planen Sie in der Regel pro Tag drei bis fünf Mahlzeiten ein. Insbesondere (kleinere) Kinder werden keinesfalls nur mit den drei Hauptmahlzeiten auskommen. Neben den Hauptmahlzeiten Frühstück, Mittagessen und Abendessen sollten Sie noch zwei Zwischenmahlzeiten vorsehen. So ist genug Angebot da, um gleichmäßig über den Tag verteilt Energie und Nährstoffe aufzunehmen. Das ist wichtig, damit die Konzentrations- und Leistungsfähigkeit über den Tag erhalten bleibt. Und auch die Laune bleibt bei einem regelmäßigen Nachschub an Energie besser.

Ohne Frühstück sind die Kinder in der Schule außerdem nicht so leistungsfähig wie nach einem vielleicht auch nur kleinen Frühstück. Wenn die Kinder das Müsli oder das klassische Frühstücksbrot verweigern, mögen sie vielleicht lieber ein Knäckebrot, Porridge oder Toast, ein Stück Obst oder eine

Lebensmittelmengen für Kinder

ALTER IN JAHREN	1–3	4–6	7–9	10–12	13–14 W	13–14 M
Gesamtenergie kcal/Tag	1.150	1.350	1.600	1.800	1.900	2.300
reichlich						
Getränke ml/Tag	600	750	850	950	1.000	1.200
Gemüse g/Tag	190	230	270	300	320	390
Obst g/Tag	180	210	250	280	300	360
Kartoffeln, Nudeln, Reis g/Tag	100	120	140	160	170	200
Brot, Getreide(flocken) g/Tag	110	130	160	180	190	230
mäßig						
Milch(produkte) ml (g)/Tag	300	350	420	470	490	600
Fleisch, Wurst g/Tag	30	35	40	50	50	60
Eier St./Woche	1–2	2	2–3	2–3	3	3
Fisch g/Woche	60	70	80	90	100	110
sparsam						
Öl, Margarine, Butter g/Tag	20	20	25	30	30	35
Die Weltgesundheitsorganisation (WHO) empfiehlt, nicht mehr als 10 % der Gesamtenergie über Süßwaren, Knabberartikel und gesüßte Getränke aufzunehmen:						
Süßwaren, Knabberartikel und gesüßte Getränke max. kcal/Tag	115	135	160	180	200	230

W = weiblich, M = männlich, St. = Stück, 100 ml Milch entspr. 15 g Schnittkäse oder 30 g Weichkäse

Quelle: Kersting/Kalhoff/Luecke, Von Nährstoffen zu Lebensmitteln und Mahlzeiten: Das Konzept der Optimierten Mischkost für Kinder, Aktuelle Ernährungsmedizin, 42 (2017), S. 304 ff.

kleine Portion Obstsalat, einen Milchshake, einen Trinkjoghurt oder einen Kakao.

Wer früh frühstückt und spät zu Mittag ist, benötigt am Vormittag eine kleine Zwischenmahlzeit, damit die Energiereserven reichen, die für die „Arbeit" in der Kita oder der Schule unbedingt erforderlich sind. Gibt der Zeitplan vor, dass das Mittagessen schon am frühen Mittag stattfindet und das Abendessen erst sehr spät, kann möglicherweise die Zwischenmahlzeit am Vormittag wegfallen. Dafür sind dann am Nachmittag eine oder gar zwei kleine Mahlzeiten notwendig.

Während Erwachsene oft glauben, sie kämen mit einer oder zwei Mahlzeiten am Tag aus, so ist das Kindern schlicht nicht möglich. Auch die Konzentrations- und Leistungsfähigkeit von Erwachsenen bleibt im Tagesverlauf besser erhalten, wenn sich das Essen auf mehrere Mahlzeiten verteilt.

Fallen einzelne Mahlzeiten aus, macht sich das (bei Klein und Groß) möglicherweise durch Stimmungsschwankungen und Gereiztheit bemerkbar. Fehlt das Abendessen, leidet unter Umständen die Schlafqualität, denn regelmäßige Mahlzeiten gewährleisten den stetigen Nachschub an Energie, Vitaminen und Mineralstoffen.

Mit Hunger lässt es sich zudem nicht gut arbeiten. Sicher stimmt aber auch das Sprichwort: „Ein voller Bauch studiert nicht gern." Wenn Sie die Lebensmittel deshalb auf mehrere Mahlzeiten verteilen, sind Sie nicht so übermäßig satt, dass eine Trägheit folgt, die Ihre Leistungsfähigkeit einschränkt.

Stichwort Mahlzeit

Ein kleines Stück Obst ist ebenso eine Mahlzeit wie ein Joghurt zwischendurch. Das Müsli „zählt" ebenso als Mahlzeit wie beispielsweise ein Teller Nudelauflauf. Und ja, auch das Eis an einem schönen Sommertag oder ein Stück Kuchen am Wochenende ist jeweils eine Mahlzeit.

Mit diesen Empfehlungen können die Familienmahlzeiten pro Tag so aussehen:

- → Ein bis zwei kalte Hauptmahlzeiten, bestehend aus Brot mit Belag und Salat/Rohkost oder Müsli mit Milch und Früchten
- → Ein bis zwei warme Hauptmahlzeiten am Mittag oder Abend, bestehend aus Kartoffeln, Hülsenfrüchten, Nudeln oder Getreide mit viel Gemüse oder Salat und eventuell ergänzend Milchprodukte, Fleisch, Fisch oder Ei
- → Ein bis zwei Zwischenmahlzeiten, bestehend aus Obst, Gemüse, einer kleinen Getreideportion, Milch oder Milchprodukte oder auch mal ein oder zwei Kekse, Getreidewaffeln oder ein Stück Kuchen.

→ TIPP

Ausführliche Informationen zur Kinderernährung finden Sie in „Bärenstarke Kinderkost":
www.ratgeber-verbraucherzentrale.nrw

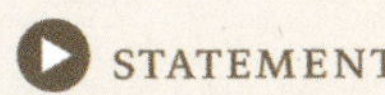

Zum Schutz der Kinder: Eine gesunde Ernährung von Anfang an

PROF. DR. MATHILDE KERSTING
FORSCHUNGSDEPARTMENT KINDERERNÄHRUNG, UNIVERSITÄTSKINDERKLINIK BOCHUM

Die Familie ist der zentrale Ort, in dem die Ernährungs- und auch die Lebensgewohnheiten von Kindern geprägt werden. Wenn die Erwachsenen mit aller Selbstverständlichkeit die gesunde Ernährung in ihrem Lebensalltag umsetzen, dann können sich, durch den Vorbildcharakter, die Essgewohnheiten der Kinder in Richtung einer gesunden Ernährung entwickeln und sie erlernen Ernährungsgewohnheiten, die das ganze weitere Leben beeinflussen.
Im besten Fall trägt die Ernährung der Kinder nicht nur zur Deckung des Bedarfs an Energie und Nährstoffen für Wachstum, Entwicklung, Gesundheit und Leistungsfähigkeit bei, sondern schützt sie zudem vor weit verbreiteten ernährungsmitbedingten Krankheiten wie Herz-Kreislauf-Erkrankungen, Übergewicht und Diabetes mellitus Typ 2.

Im schlechtesten Fall entstehen bereits im Kindesalter ernährungsabhängige Erkrankungen, die echte Startschwierigkeiten für Kinder bedeuten können. So erkranken bereits im Kindes- und Jugendalter in jedem Jahr etwa 200 Kinder und Jugendliche an Typ-2-Diabetes, der vor noch gar nicht langer Zeit als „Alterszucker" bezeichnet wurde, weil er sich nur bei älteren Menschen entwickelt hat. Zahlreiche Kinder sind übergewichtig oder gar adipös. Von Adipositas als Erkrankung spricht man, wenn das Körpergewicht so hoch ist, dass es die Gesundheit gefährdet.

Vermeidet man durch eine ausgewogene gemischte Kost im Kindes- und Jugendalter die Entstehung von Übergewicht, dann ist dies gleichzeitig ein Beitrag zur Diabetesprävention im späteren Leben. Ein Modell hierfür ist das Konzept der Optimierten Mischkost (OMK) des Forschungsdepartments Kinderernährung (FKE).
Bereits seit mehr als 30 Jahren gehört die anwendungsorientierte Forschung zum Ernährungsverhalten in den Familien zu den Aufgaben des Forschungsdepartments.
Die Forschungsergebnisse werden über Veröffentlichungen und Broschüren verbreitet. Über das „Beratungstelefon Kinderernährung" besteht eine direkte Verbindung zu den Familien, aber auch zu Ernährungsfachkräften und anderen Interessierten.

Das FKE hat sich zur Aufgabe gemacht, das Wissen von der gesunden Ernährung für Kinder in den unterschiedlichen Altersklassen in eine alltagstaugliche Sprache zu „übersetzen", damit diese in den Familien auch umgesetzt werden können. So wurde mit der Optimierten Mischkost ein Speiseplan aufgestellt, der am Tag fünf Mahlzeiten vorsieht (drei Hauptmahlzeiten und zwei kleinere Snacks). Durch die strukturierte Mahlzeitenverteilung wird eine ausgewogene Nährstoffversorgung ermöglicht und ein Beitrag für die Vermeidung von Übergewicht geleistet.

Zur Auswahl der Lebensmittel wurden drei einfache Regeln aufgestellt:

1. Reichlich Getränke, vornehmlich Wasser oder Tee trinken und pflanzliche Lebensmittel wie Gemüse, Rohkost, Obst, Brot, Getreideflocken, Kartoffeln, Nudeln, Reis und Hülsenfrüchte essen.
2. Mäßig tierische Lebensmittel, also Milch, Fleisch, Fisch und Eier einplanen.
3. Fett- und zuckerreiche Lebensmittel, also Süßigkeiten, Gebäck, süße Getränke nur sparsam und in kleinen Mengen verwenden.

Die Umsetzung einer gesunden Familienernährung könnte durch Politik und Wirtschaft vereinfacht werden. Möglichkeiten hierzu gäbe es zum Beispiel durch die erkennbare Angabe einer positiven Nährstoffverteilung, wenn diese auch schwierig zu definieren ist, oder durch eine vorrangige Platzierung der gesunden Produkte im Verkaufsregal. Attraktive Produktbezeichnungen und eine ansprechende Verpackung sind Maßnahmen, die gerade auch Kinder und Jugendliche ansprechen, die ihre Essensentscheidung meist intuitiv treffen.

Mit zunehmendem Alter der Kinder verlagert sich die Ernährung aus der Familie zumindest teilweise in Betreuungseinrichtungen wie Kita oder Schule. Dort könnten die Kinder aller sozialen Schichten mit gesunden Mahlzeiten versorgt werden, damit sich die Umsetzung der gesunden Ernährung für alle Kinder festigt und als normale Ernährungsweise wahrgenommen wird. Wenn die gesunde Schulmahlzeit im Stundenplan steht und auch die Lehrer daran teilnehmen würden, dann wäre hierüber ein großer Beitrag zur gesunden Ernährung möglich. Jugendliche sind nur wenig an der Schulverpflegung interessiert und versorgen sich lieber alternativ am Kiosk oder in der Imbissstube, bisweilen lassen sie die Mahlzeiten auch komplett ausfallen. Allen Kindern und Jugendlichen sollte der kostenlose Zugang zu Wasser als Getränk ermöglicht werden. Mit den Lockdown-Maßnahmen der Covid-19-Pandemie in den Jahren 2020/2021 haben sich unter anderem durch das Homeschooling und die fehlenden Bewegungsangebote, durch die Isolation im eigenen Haushalt und wenigen Beschäftigungsalternativen neue Risiken für die Entstehung und Verstärkung von Übergewicht in der Bevölkerung ergeben. Studien zeigen schon jetzt, dass bei vielen Kindern und Jugendlichen das Körpergewicht gestiegen ist, während sich die Beweglichkeit reduziert hat.

Damit ist es noch einmal wichtiger geworden, bereits von Anfang an verstärkt auf die Umsetzung einer gesunden Kinderernährung zu achten. In den ersten Lebensmonaten ist ausschließliches Stillen die beste Ernährungsform. Gegen Ende des ersten Lebensjahres gehen die Mahlzeiten der Säuglingsernährung nach und nach in die Familienmahlzeiten und die optimierte Mischkost über.

Ihr Familien-Essplan ist natürlich von den Bedürfnissen und Möglichkeiten Ihrer Familie abhängig und lässt sich nicht vereinheitlichen. In vielen Familien sind beispielsweise die Schul- und Betreuungszeiten der Kinder unterschiedlich. Manche Kinder bekommen eine oder mehrere Mahlzeiten in Kita, OGS oder Schule. Natürlich ist auch entscheidend, wie sich die Arbeitszeiten der Eltern gestalten oder welche Lebensmittel und Speisen bei Ihnen gerne gegessen werden. Auch die persönlichen, regionalen, kulturellen und/oder religiösen Ernährungsgewohnheiten beeinflussen die Gestaltung der Mahlzeiten. In vielen Ländern gibt es bereits zum Frühstück warmen Reis oder Suppe, in anderen ist sowohl zum Mittagessen als auch zum Abendessen eine warme Mahlzeit üblich. Die deutsche Küche sieht traditionell zwei kalte und eine warme Hauptmahlzeit im täglichen Speiseplan vor. Achten Sie darauf, dass Sie Ihren Essalltag ganz nach Ihren Bedürfnissen einrichten. Zum Beispiel ist ein warmer Brei morgens besonders in der kalten Jahreszeit ein guter Start, im Sommer vielleicht ein erfrischender Joghurt mit Obstsalat passender zum Frühstück.

Was auch immer Sie mögen und gern essen: Die Ernährungspyramide und auch die Aufteilung der Mahlzeiten auf den Tag lassen dabei genügend Spielraum für Ihre individuellen Bedürfnisse, Ihren Geschmack und Ihre Vorlieben.

Gesunde Ernährung für Erwachsene

Auch Eltern brauchen eine gesundheitsfördernde Ernährung. Wir leben in einer anstrengenden Zeit, in der jeder viele Aufgaben zu bewältigen hat. Ohne die notwendige „Power“ funktioniert das auf Dauer auch für Eltern nicht.

Da es nicht „das eine“ Lebensmittel gibt, das alle die Nährstoffe in der jeweils richtigen Menge enthält, können und müssen auch wir „Großen“ unsere Speisen und Getränke aus einem Mix aus Lebensmitteln auswählen.

Erwachsene sind dann ausgewogen und gesund ernährt, wenn sie pro Tag mit genügend Mahlzeiten die Nährstoffe aufnehmen, die ihr Körper benötigt, um den Bedarf an Eiweiß, Fett, Kohlenhydraten, Vitaminen und Mineralstoffen zu decken und die Kalorienzufuhr nicht den Bedarf übersteigt. Damit das gelingen kann, müssen Sie verschiedene Lebensmittel miteinander kombinieren und möglichst frisch und gesund zubereiten. Stimmen die Mengen nicht, kann sich das körperlich bemerkbar machen:

Zu wenig Flüssigkeit kann Kopfschmerzen verursachen, zu wenig Kohlenhydrate lösen möglicherweise Heißhunger aus, zu wenig Vitamine können zu Wintermüdigkeit führen und zu wenig Kalzium lässt möglicherweise die Knochen spröde werden, während reichlich Salz zu einem Blutdruckanstieg führen kann und ein Überschuss an Energie Übergewicht und Adipositas verursacht, um nur einige Beispiele zu nennen.

Die Ernährungspyramide für die Umsetzung der gesunden Kinderernährung → Seite 20 gilt daher genauso für Ihre Ernährung: Und so ist dann auch die gesunde Ernährung für „Große" kein „Hexenwerk". Das 6-5-4-3-2-1-Prinzip gilt für Sie als Eltern genauso wie für Ihre Kinder: Ihre einzelnen Portionsmengen sind dabei natürlich größer, denn auch Sie messen Ihre Portionsgrößen mit Ihrer Hand ab. Eine Portion ist immer das, was in eine Hand passt, bei Salat und Gemüse darf man mehr nehmen: Eine Portion ist, was in beide Hände passt. Auch bei den Erwachsenen bilden Süßigkeiten und Snacks die Spitze der Pyramide und sind nur in kleinen Mengen als Extra gedacht. Zum Glück verliert sich der Heißhunger nach Süßigkeiten und Co, wenn regelmäßige Mahlzeiten eingehalten werden. Während ein hungriger Bauch Berge an Süßkram in kurzer Zeit verschlingen kann, genügt eine kleine Süßigkeit, wenn man durch andere Lebensmittel bereits gesättigt ist.

→TIPP

Mehr zum Thema ausgewogene Ernährung für Erwachsene und zahlreiche Rezepte finden Sie im Ratgeber „Gewicht im Griff",
www.ratgeber-verbraucherzentrale.de

Gesundes Essen für die ganze Familie

Die vielen Lebensmittelportionen aus der Ernährungspyramide lassen sich leicht so kombinieren, dass eine familientaugliche und gesundheitsfördernde Ernährung dabei herauskommt.

Dabei sollten Sie einige Grundregeln befolgen:

1. Punkten Sie mit pflanzlichen Lebensmitteln

Mit vielen pflanzlichen Lebensmitteln sind Sie auf der richtigen Spur: Essen Sie mehrmals täglich eine große Portion Gemüse (in der warmen Mahlzeit, als Salat oder Rohkost und auch als Brotbelag), planen Sie eine definierte Menge Vollkornprodukte ein und dazu noch ein- bis zweimal täglich eine Portion frisches Obst. Erweitern Sie ihren Speiseplan und planen Sie zwei- bis dreimal pro Woche ein Gericht, einen Salat oder auch einen Brotaufstrich mit Hülsenfrüchten, zum Beispiel die Kichererbsencreme → Seite 115. Linsen, Bohnen und Kichererbsen und Co. können einen Salat nahrhaft ergänzen oder Sie bereiten daraus eine warme Mahlzeit zu. So wird Ihr Speiseplan reich an Vitaminen, Mineralstoffen und Ballaststoffen.

2. Verwenden Sie vorwiegend gute Fette und Öle

Bereiten Sie Speisen mit Rapsöl oder anderen Pflanzenölen wie Oliven-, Walnuss-, oder Leinöl zu und ergänzen Sie Nüsse und Saaten in Salaten, auf Suppen, im Müsli oder als Snack. Damit versorgen Sie sich und Ihre Familie mit genau den Fetten, die in unserem Körper Gesundheitsaufgaben übernehmen.

3. Kalzium ist wichtig

Streuen Sie die kalziumreichen Milch- und Milchprodukte gezielt in Ihren Speiseplan ein: Bereiten Sie Ihr Müsli mit Milch zu, essen Sie zwischendurch einen Joghurt, kochen Sie mit Käse oder legen Sie Käse auf das Vollkornbrot. Brauchen Sie in Ihrem Alltag deutlich größere Mengen an Milch- und Milchprodukten, dann ersetzen Sie einen Teil davon durch pflanzliche Varianten.

4. Selber Kochen ist gesünder

Kochen Sie möglichst oft selbst und verzichten Sie, wo immer es geht, auf Fertigprodukte und „Fast Food", die meist viele unerwünschte Inhaltsstoffe enthalten. Dabei hilft Ihnen eine gute Vorratshaltung. Viele Ideen für gesunde Gerichte, die schnell zubereitet sind, finden Sie im Kapitel „So schnell ist das Essen fertig" → Seite 97 ff. und in unserem Rezeptteil.

GUT ZU WISSEN

Wer Milchprodukte vollständig durch Pflanzendrinks ersetzt, sollte unbedingt die mit Kalzium angereicherten Produkte auswählen, so beugen Sie einem Kalziummangel vor!

5. Selten Fleisch, Fisch, Zucker und Alkohol

Essen Sie nicht öfter als zwei- bis dreimal in der Woche Fleisch und maximal ein- bis zweimal in der Woche Fisch, zum Beispiel als Bestandteil der warmen Mahlzeit oder zur Brotmahlzeit.

Meiden und reduzieren Sie Zucker, wo immer es geht. Verzichten Sie auf zuckerhaltige Getränke und begrenzen Sie auch die Menge an Fruchtsäften auf maximal ein Glas am Tag. Mischen Sie fertige gezuckerte Milchspeisen wie Fruchtjoghurt mit ungezuckerten Varianten, im genannten Beispiel mit Naturjoghurt. Oder rühren selber ein paar Früchte und ein wenig Honig oder Zucker unter den Naturjoghurt. Achten Sie auf die in Back- oder Dessertrezepten angegebenen Zuckermengen und reduzieren Sie diese gegebenenfalls. Meistens lässt sich die Menge an Süßungsmitteln in Backrezepten um 25 bis 30 Prozent reduzieren, ohne dass die Speisen an Qualität und Geschmack verlieren. Im Gegenteil, oft kommt dadurch der Eigengeschmack der anderen Zutaten stärker heraus. Und auch bei Süßspeisen genügen pro 100 Gramm Nachtisch fünf bis maximal zehn Gramm Zucker. Versuchen Sie insgesamt die Menge an gezuckerten Lebensmitteln zu verringern und gehen Sie auch sparsam mit Zuckeralternativen wie Honig, Dicksaft und Fruchtzucker um. Der Ersatz von Zucker durch künstliche Süßstoffe ist in einer gesunden Familienküche nicht notwendig. Ein sparsamer Umgang mit Zucker, Honig und Co. schadet der Gesundheit nicht. Alkoholische Getränke sind keine „Alltagsgetränke". Trinken Sie daher nicht regelmäßig Bier, Wein und Spirituosen, sondern nur zu besonderen Gelegenheiten und in kleiner Menge. Auch hier sind die Eltern die Vorbilder für die Kinder.

6. Weniger tierische Fette, mehr Hülsenfrüchte, Nüsse und Kerne

Reduzieren Sie die Mengen an fettreichen tierischen Lebensmitteln wie fettreiche Fleischsorten, Wurstwaren, Käse, aber auch Sahne und Butter. Die Sahne können Sie in vielen Gerichten durch Milch oder Haferdrink, aber auch durch geschmacksneutralen Sojadrink ersetzen. Und auch Nuss- oder Mandelmus liefern (löffelweise hinzugefügt) eine cremige Konsistenz und passen zu zahlreichen

HINTERGRUND

Superfood

In allen Medien – von der Fernsehzeitung bis zum Internet – wird man immer wieder aufgefordert, die Gesundheit durch „Superfoods" zu unterstützen. Wir sollen Chiasamen ins Müsli streuen, Gojibeeren naschen oder Moringa unter unsere Speisen mischen.

Als „Superfood" werden Nahrungsmittel bezeichnet, die von einem oder mehreren Nährstoff(en) eine außergewöhnlich große Menge liefern und die Gesundheit und das Wohlbefinden fördern.

Derartige Superfoods ersetzen keinesfalls eine gesundheitsfördernde Ernährung. Unsere vertrauten Lebensmittel wie Haferflocken, Kohlgemüse, Zwiebeln, Heidelbeeren oder unsere heimischen Küchenkräuter sind für unsere Ernährung Superfood genug.

Wir brauchen keine exotischen Lebensmittel, die durch die langen Transportwege auch ökologisch als bedenklich angesehen werden können.

Wichtiger als die Auswahl einzelner besonderer Lebensmittel ist der Einkauf wenig verarbeiteter Produkte, das frische Zubereiten und Kochen der Speisen sowie das Genießen der einzelnen Mahlzeiten.

Gerichten mit Gemüse, Hülsenfrüchten oder auch mit Geflügel.

Planen Sie immer mehr pflanzliche als tierische Produkte in Ihre Mahlzeit ein. Peppen Sie Ihren Speiseplan mit frischen Gerichten auf pflanzlicher Basis auf und kochen Sie mit Hülsenfrüchten, Nüssen, Sonnenblumenkernen, Sesam und Co, oder geben Sie Nuss- oder Mandelmus hinzu. Die Gerichte werden dadurch gehaltvoller und sättigen länger.

Die Zubereitungsart entscheidet

Es ist möglich, gekaufte Lebensmittel auf gesunde und ungesunde Weise zuzubereiten, wobei auch immer die Menge und Häufigkeit über den Gesundheitseffekt entscheiden. So können Sie aus Kartoffeln beispielsweise Pellkartoffeln, Kartoffelsalat oder Pommes zubereiten. Sie können sehr fettreiche Lebensmittel einsetzen und für ein Kartoffelgratin die Kartoffelscheiben mit Sahne übergießen oder statt der Sahne fettärmere Varianten wie eine helle Soße → Seite 163 nutzen. Frittierte Lebensmittel sollten keinen Weg in die Alltagsküche finden, aber selbstverständlich können diese zu einzelnen Gelegenheiten mit Genuss verspeist werden.

Sehr fettreiche (tierische) Zutaten wie Sahne oder Butterschmalz finden sich auch in unserem Rezeptteil, allerdings nur in begrenzter Menge, um die Kalorienzufuhr und die Zufuhr anderer ungünstiger Nährstoffe wie Cholesterin zu begrenzen.

In der gesunden Familienküche sollten überwiegend die Garmethoden aus der nebenstehenden Tabelle verwendet werden.

Nicht zu viel und nicht zu wenig …

Gesund essen heißt auch, die richtige Menge an Lebensmitteln für die jeweilige Mahlzeit einzuplanen.

Versuchen Sie einzuschätzen, wie viele Lebensmittel Sie wirklich brauchen, damit alle Familienmitglieder satt werden (und nicht pappsatt). Kaufen Sie nur ein, was Sie für die kommende Woche benötigen und verarbeiten Sie nur das, was Sie für die eine aktuelle Mahlzeit benötigen. Oder überlegen Sie genau, wie viel Sie vorbereiten müssen, wenn Sie für den nächsten Tag vor- oder mitkochen → Seite 98 f.

Immer mehr an Essen zuzubereiten, als eigentlich nötig ist, geht ins Geld. Ist die Portion zu groß, können ungewollte Gewichtszunahmen die Folge sein. Möglicherweise sättigt auch die übergroße Portion so sehr, dass nach dem Essen die Müdigkeit folgt oder beim Schlaf der Bauch zwickt. Häufig wer-

GARMETHODE	KURZBESCHREIBUNG	GEEIGNET FÜR FOLGENDE LEBENSMITTEL/SPEISEN
Backen	Garen im Ofen mit trockener Hitze	Teige (süßes und herzhaftes Gebäck, Kuchen) und Aufläufe
Blanchieren	Geputztes, zerkleinertes Gemüse wird nur kurz (1–4 Minuten) oder bis zum Garpunkt in kochendes Wasser getaucht und wenn es nicht sofort serviert wird, in Eiswasser abgeschreckt	Gemüse für Salate oder Aufläufe und auch vor dem Einfrieren
Braten	Bräunen und Garen in (eigenem oder zugegebenem) heißen Fett	Fleisch, Fisch, Kartoffeln
Dämpfen	Im Siebeinsatz im Wasserdampf garen bei 80–100 °C	Gemüse, Kartoffeln, Fisch
Dünsten	In wenig Flüssigkeit (zugegeben oder im eigenen Saft) bei 80–100 °C garen	Gemüse, Obst, Fisch
Grillen und Gratinieren (Überbacken)	Bei trockener, großer Hitze eine Aromakruste entstehen lassen	Gemüse, Aufläufe, Fleisch, Fisch
Kochen	In viel Flüssigkeit wie Wasser oder Brühe bei 100 °C garen	Gemüse, Fleisch, Fisch, Hülsenfrüchte
Quellen oder Garziehen	Garen in reichlich Flüssigkeit (unter 100 °C) oft unter Wasseraufnahme	Reis, Grieß, Hülsenfrüchte, aber auch Klöße oder Gnocchi
Rösten	Erhitzen pflanzlicher Lebensmittel mit leichter Braunfärbung in der Pfanne, im Backofen oder auch im Grill oder Toaster	Getreide, Nüsse, Saaten, Brot
Schmoren	Bereits angebratene Lebensmittel zur Hälfte mit Flüssigkeit bedecken und bei geschlossenem Deckel garen	Fleisch, Kohl- und Wurzelgemüse
Sieden (oder köcheln)	Kochen in Flüssigkeit am Siedepunkt	Gemüse

den die restlichen Lebensmittel zunächst noch aufbewahrt, letztendlich aber doch weggeworfen. So hat eine Studie 2019 gezeigt, dass pro Kopf und Jahr 75 Kilo Lebensmittel in Deutschland in der Mülltonne landen.

Haben Sie dagegen zu wenig gekocht und Sie oder die Kinder haben nach der Mahlzeit noch Hunger, dann werden sehr wahrscheinlich spätestens nach 30 bis 60 Minuten die Rufe nach einem Snack laut – und oft folgen

Lebensmittelmengen pro Person und Mahlzeit (Orientierungswerte)

LEBENSMITTEL	KIND (4 BIS 10 JAHRE)	ERWACHSENE
Suppe als Vorsuppe/als Hauptgericht	125–200 ml/250–400 ml	200–250 ml/450–500 ml
Gemüse zum Kochen (Rohgewicht)	100–200 g	200–300 g
Blattsalat/Rohkost als Beilage, z.B. zum Abendbrot	15 g/50 g	40 g/75–125 g
Hülsenfrüchte (roh, getrocknet)	30–50 g	70–80 g
Kartoffeln (Beilage)	100–200 g	150–200 g
Reis/Nudeln/Weizen für ein Hauptgericht (roh)	30–60 g	75–100 g
Fleisch/Fisch (nicht täglich)	50–100 g max. 200–400g pro Woche inkl. Wurst Fisch pro Portion 70–150 g	100–125/125–150 g max. 300–600 g pro Woche inkl. Wurst Fisch pro Portion 150–200 g
Wurst zur Einkaufsplanung (nicht täglich)	15–30 g pro Tag max. 75–125 g pro Woche	30–40 g/Tag max. 125–150 g pro Woche
Soßen Dipp/Salatdressing	50–75 ml 50 ml	100–125 ml 50 ml
Desserts	80–100 g	100–125 g
Käse zur Einkaufsplanung (bei Bedarf)	1 Scheibe pro Tag	1–2 Scheiben pro Tag

dann ungesunde und kalorienreiche Extramahlzeiten.

Versuchen Sie also, die Mengen genau zu planen. Warum zehn (Gemüse-)Frikadellen braten, wenn nur acht benötigt werden? Müssen für vier Personen wirklich mehr als zehn Waffeln gebacken werden? Der Teig ist schnell gerührt, meistens helfen die Kinder auch gerne mit, passen Sie Ihr Rezept an und verändern Sie die Mengen so, dass Sie genau die richtige Anzahl Waffeln für Ihren Bedarf erhalten. Kochen Sie nicht einfach ein Paket Nudeln und schauen, wie es auskommt, sondern wiegen Sie die Nudeln ab, die Sie wirklich benötigen. Der Rest bleibt in der Tüte, bis zur nächsten Mahlzeit. Am besten schreiben Sie sich auf, wie viel Sie wovon brauchen, dann müssen Sie nicht immer darüber nachdenken und die Menge passt.

Für die Planung Ihres Einkaufs und zum Kochen finden Sie nebenstehend Mengenangaben zur Orientierung, die Sie an Ihre Familie immer wieder anpassen können. Denn es ist ein Unterschied, ob Ihr Kind im Kindergartenalter ist oder schon ein Teenager.

Zum Umgang mit Lebensmitteln

Leider werden immer noch große Mengen an Lebensmitteln einfach weggeworfen – im Produktionsprozess, in den Geschäften und in jedem einzelnen Haushalt. Jeder möchte und sollte das lieber vermeiden, denn es wird viel Energie verwendet, um Produkte herzustellen und Tiere aufzuziehen. Hier möchte ich Ihnen ein paar Alternativen für die Resteverwendung aufzeigen:

→ Zu viel gekocht? Reste von zubereiteten Speisen für den nächsten Tag im Kühlschrank aufbewahren oder einfrieren.

→ Zu viel eingekauft? Was nicht verarbeitet oder eingefroren werden kann, an Freunde oder Nachbarn verschenken.

→ Das Gemüse, das nicht mehr frisch genug ist, um als Rohkost auf dem Teller angeboten zu werden, kann sicher noch in der Gemüsesoße oder -suppe landen.

→ Und auch Früchte können weiterverarbeitet und eingefroren werden – für den Obstkuchen, als Kompott zu Pfannkuchen oder für einen Shake.

→ Aus altbackenem Brot kann zum Beispiel noch ein „Knoblauchbrot“ werden oder Croutons, oder einfach Paniermehl.

→ Weitere Ideen siehe auch → Seite 86.

Nur Lebensmittel, die tatsächlich verdorben sind, deren Verbrauchsdatum abgelaufen ist, die nicht gut riechen oder angeschimmelt sind und auch solche, die eine völlig andere Konsistenz angenommen haben, die müssen tatsächlich weggeworfen werden. Die Vergeudung von Lebensmitteln reduzieren, auch das ist ein Beitrag zur Achtsamkeit und zum Schutz unseres Planeten. → Verbrauchsdatum und Mindesthaltbarkeit, → Seite 72 f.

Wenn es noch Reste gibt, verwerten Sie diese. Wenn es nach jeder Mahlzeit Reste gibt, versuchen Sie etwas weniger einzukaufen und zu kochen. Das ist besser für die Umwelt, spart Geld und verführt nicht einzelne Familienmitglieder dazu, mehr zu essen, als für sie notwendig ist, um satt zu werden.

Welche Ernährungsweise passt zu uns?

Vegetarisch essen ist im Trend. Oft möchten sich auch Kinder und Jugendliche vegetarisch oder vegan ernähren. Immer mehr Kinder leiden außerdem unter Lebensmittelunverträglichkeiten, an die sich die Familienküche anpassen muss. Und auch das Klima spielt bei unserer täglichen Ernährungsweise eine immer größere Rolle.

Vegetarische Ernährung

Insgesamt ist die Zahl der Menschen, die vegetarisch essen, in den vergangenen Jahren gestiegen, was auch die Vielzahl vegetarischer und veganer Produkte im Supermarkt zeigt. Und auch in den Restaurants werden immer mehr vegetarische oder vegane Speisen angeboten.

In einigen Regionen auf unserer Welt ist Fleisch nicht für alle Menschen bezahlbar und verfügbar und so leitet sich die vegetarische Ernährung manchmal aus den Lebensbedingungen ab. In westlichen und wohlhabenden Ländern wie bei uns wird eine vegetarische Lebensweise meist aus gesundheitlichen, ethischen- oder umweltbedingten Gründen gewählt. Nicht zuletzt durch die Klimadebatte und der „Fridays for Future“-Bewegung ist die vegetarische Ernährung auch zum Familienthema geworden.

Aber das ist kein Problem: Ohne Fleisch und Fisch ist trotzdem eine ausgewogene und gesunde Ernährungsweise möglich. Denn über die Zubereitung von Speisen mit pflanzlichen Lebensmitteln wie Hülsenfrüchte, Vollkornprodukte, Nüsse, Gemüse und Kartoffeln enthält auch ein vegetarischer Speiseplan ausreichend Eiweiß, Vitamine und Mineralstoffe.

Unsere 14-jährige Tochter hat sich überlegt, ab sofort vegan zu leben. Fleisch essen wir alle wenig, aber was machen wir denn nun?

Sprechen Sie mit Ihrer Tochter, was das für die Lebensmittelauswahl und den Essalltag der Familie bedeutet. Überlegen Sie gemeinsam, ob Sie dafür die Unterstützung Ihrer Tochter benötigen oder wie Sie es gemeinsam schaffen können, zusätzliche Gerichte zuzubereiten. Und sprechen Sie beim nächsten Termin mit dem Kinder- und Jugendarzt, damit er bestimmte Blutwerte kontrollieren kann.

→ **TIPP**

In unserem Rezeptteil sind die meisten Rezepte vegetarisch. Auf Fleischersatzprodukte haben wir bewusst verzichtet, da alleine mit Gemüse und den entsprechenden Beilagen ein abwechslungsreicher Speiseplan gestaltet werden kann, der zudem alle erforderlichen Nährstoffe enthält.

Im Kindesalter und bei Jugendlichen ist die Deckung des Nährstoffbedarfs mit einer ausgewogenen Mischkost, auch ohne Fleisch und Fisch, möglich. Die sogenannte Ovo-lakto-vegetarische Ernährung (siehe Tabelle → Seite 39) bietet für die gesamte Familie die Chance für eine gesunde, kreative und pflanzenbetonte Küche.

Kommt weder Fleisch noch Fisch auf den Teller, muss die Menge an Gemüse und Salat, an Kartoffeln und Getreideprodukten erhöht werden. Denn fällt die Fleischkomponente einfach nur weg, fehlt Energie und Eiweiß und beides sorgt für eine anhaltende Sättigung. Und auch Hülsenfrüchte spielen dann im Speiseplan eine größere Rolle. Nüsse und Samen können viele Gerichte aufpeppen: So lassen sie sich geröstet über den Salat streuen oder sie werden zum Topping für eine Gemüsecremesuppe.

Wie bei jeder anderen Ernährungsweise auch, kommt es auf die Auswahl der Lebensmittel und deren Zubereitung an. Die tägliche Verwendung von Vollkorngetreide und Hülsenfrüchten, ausreichend Obst und Gemüse, von wertvollen pflanzlichen Ölen zur Zubereitung der Mahlzeiten sowie die Verwendung von Milch und Milchprodukten gehören dazu. Sollte die Milch komplett durch Pflanzendrinks ersetzt werden, sollten diese unbedingt mit Kalzium angereichert sein.

Möchte nur ein Teil der Familie kein Fleisch und Fisch mehr essen, andere Familienmitglieder aber nicht, so lässt sich

- → das Frühstück mit Müsli oder Brot, mit Käsevariationen, Konfitüre und Honig, aber auch mit Gemüse und Rohkost abwechslungsreich gestalten.

- die warme Mahlzeit mit reichlich Gemüse, Salat und Beilagen zubereiten. Fleisch oder Fisch kann für einzelne Familienmitglieder an einzelnen Tagen der Woche ergänzt werden. So kann ein Teil der Käse-Sahne-Soße zu den Nudeln um Schinken erweitert werden oder unter einen Teil der Tomatensoße ein wenig Thunfisch gegeben sein. Zum Gemüseauflauf könnte für die Fleischesser eine Fleischportion vorgesehen sein, ein gebratenes Hähnchenschnitzel oder eine kleine Frikadelle.
- Für das Würzen der Gemüsemahlzeiten sollten grundsätzlich nur Gewürze oder auch Gemüsebrühe verwendet werden. Dann sind die Gemüsegerichte und Gemüsesuppen für alle Familienmitglieder gleichermaßen geeignet.

Vegane Ernährung

Während die vegetarische Ernährung Erwachsene und Kinder wirklich gut mit allen Nährstoffen versorgen kann, ist dies mit dem Lebensmittelangebot in der veganen Ernährung, besonders im Hinblick auf den Vitamin- und Mineralstoffbedarf, deutlich schwieriger. Ernähren sich (Klein-) Kinder und Jugendliche vegan, ist der Bedarf an Vitamin B12 und einzelnen Mineralstoffen nur schwer zu decken (Eisen, Zink, Jod und Kalzium). Möglicherweise ist auch die Kalorienzufuhr etwas knapp.

Pflanzliche Milchersatzgetränke können Milch und Milchprodukte im Kindes- und Jugendalter nur ergänzen, aber nicht komplett ersetzen. **Ohne die Substitution bestimmter Nährstoffe muss daher von einer veganen Ernährung im Kindes- und Jugendalter abgeraten werden, so auch die Meinung der Deutschen Gesellschaft für Ernährung und dem Forschungsdepartment Kinderernährung (FKE).** Vegan lebende Erwachsene sollten unbedingt auf eine ausreichende Versorgung mit Vitamin B12 und auch Kalzium achten und durch regelmäßige ärztliche Kontrollen die sogenannten kritischen Nährstoffe überprüfen lassen. Dies gilt insbesondere für Frauen mit Kinderwunsch, in der Schwangerschaft und während der Stillzeit.

Möchten Sie sich und Ihr Kind vegan ernähren, sollten Sie dies mit dem betreuenden Kinderarzt besprechen, damit er gegebenenfalls durch Kontrolluntersuchungen die Versorgungslage der kritischen Nährstoffe überprüfen kann. Denn nur ein Mangel, der auffällt, kann durch eine gezielte ernährungstherapeutische Begleitung oder auch durch Supplemente ausgeglichen werden.

Für eine Familie ist eine vegetarische Ernährung bei einer entsprechend günstigen Zusammenstellung der Lebensmittel und der Verwendung gesunder Zubereitungsarten eine gute Möglichkeit für die Gestaltung eines abwechslungsreichen Essalltags. Gleiches gilt, wenn Sie sich als Familie entscheiden, flexitarisch zu essen und überwiegend auf Fleisch und Fisch zu verzichten.

In der nebenstehenden Tabelle werden die verschiedenen vegetarischen Ernährungsformen kurz vorgestellt.

Milchersatzprodukte im Familienalltag

Möchten Sie die Menge an Milch- und Milchprodukten reduzieren oder begrenzen, können Sie pflanzliche Alternativen ergänzen, die mit Kalzium angereichert sein sollten. Auch bei Unverträglichkeiten auf Milch- und Milchprodukte sind diese Lebensmittel eine sinnvolle Alternative. Milchersatzprodukte finden sich mittlerweile in jedem Supermarkt. Bei einer Unverträglichkeit auf Laktose können neben den verschiedenen Sorten an Pflanzendrinks auch laktosefreie Milch und Milchprodukte die Alternative sein.

Milchersatzprodukte werden aus zahlreichen Pflanzen wie Dinkel, Hafer, Kokosnuss, Mandeln, Reis oder auch Soja hergestellt. Wie die handelsübliche Trinkmilch können diese Milchersatzprodukte zum Kochen und Backen verwendet werden, man kann daraus ein Müsli zubereiten, sie in den Kaffee oder Tee geben oder auch damit einen Kakao anrühren.

Kocht man aus den pflanzlichen Milchalternativen einen Pudding, kann die erforderliche Flüssigkeitsmenge von der Verpackungsangabe des „Kochpuddings“ abweichen. So nimmt man von Reisdrink eher etwas weniger als die angegebenen 500 Milliliter für ein Päckchen „Kochpudding“ und von Haferdrink eher etwas mehr. Auch Grießbrei oder cremiger Reis lassen sich mit den pflanzlichen Alternativen zubereiten.

Fleischersatzprodukte

Fleischersatzprodukte werden zum Beispiel aus Soja, Seitan oder Lupinensamen hergestellt. Meist ist ihr Eiweißgehalt ähnlich hoch wie bei Fleisch oder Fleischwaren. Allerdings enthalten viele auch Aromen und Zusatzstoffe, wie Geschmacksverstärker und Farbstoffe, die neben anderen Zutaten einen fleischähnlichen Charakter geben sollen. Auch bei diesen Produkten ist es sinnvoll, die Zutatenliste und die Inhaltsstoffe miteinander zu vergleichen, um die besten Alternativen zu finden.

Möchte man außerdem noch ein klimafreundliches Produkt kaufen, so muss man die Herkunft der Rohwaren und auch den Verarbeitungsaufwand in die Waagschale werfen. Zudem sind Mahlzeiten mit Fleischersatzprodukten häufig teurer als eine vegetarische Mahlzeit, die darauf verzichtet.

Vegetarische Ernährungsformen

ERNÄHRUNGSFORM	BESCHREIBUNG
Pesco-vegetarisch	Verzicht auf Fleisch sowie alle daraus gewonnenen Produkte
Ovo-lakto-vegetarisch	Verzicht auf Fleisch, Fisch und andere Meerestiere sowie alle daraus gewonnenen Produkte
Lakto-vegetarisch	Verzicht auf Fleisch, Fisch und andere Meerestiere, Eier sowie alle daraus gewonnenen Produkte
Ovo-vegetarisch	Verzicht auf Fleisch, Fisch und andere Meerestiere, Milch und Milchprodukte sowie alle daraus gewonnenen Produkte
Vegan	Verzicht auf alle tierischen Lebensmittel, auch auf Honig

Ein Einstieg in die vegetarische Ernährung kann jedoch durch diese Produkte sicher erleichtert werden. Tauschen Sie anfangs für einen vegetarischen Speiseplan lediglich die tierischen Komponenten wie Schnitzel oder Bratwurst gegen die entsprechenden pflanzlichen Fleischersatzprodukte aus. So wird die Mahlzeit ohne große Veränderungen fleischfrei. Sind in der Familie Vegetarier und Nicht-Vegetarier, dann können alle das Gleiche essen – die einen haben ein Bockwürstchen zur Suppe und die Vegetarier die fleischfreie Variante. In Zukunft können nach und nach mehr vegetarische oder vegane Gerichte ohne Ersatzprodukte den Speiseplan bereichern.

Ähnlich wie Fleisch und Fisch für die Nicht-Vegetarier sollten auch Fleischersatzprodukte nur gelegentlich verzehrt werden.

Vegetarisch und vegan backen

Kuchen für Ovo-lakto-Vegetarier zu backen, ist keine besondere Herausforderung, zumindest nicht, wenn man süße Backwaren zubereiten möchte. Eier und Milch sowie Milchprodukte können genutzt werden, um den Teig zuzubereiten. Butter oder Margarine lassen sich gleichermaßen verwenden, aber auch Pflanzenöl lässt sich gut in Teigen verarbeiten. Dieses muss aber wegen des höheren Fettgehalts im Vergleich zu Butter oder Margarine mit etwas Wasser gemischt werden (100 Gramm Butter entspricht 70 Milliliter Öl und 30 Milliliter Wasser).

Für veganes Backen muss mehr ersetzt werden: Mandeldrink passt anstelle von Kuhmilch geschmacklich gut in Kuchen- oder Waffelteig, aber auch andere Pflanzendrinkvarianten sind zum Backen geeignet.

Und ebenso lassen sich Eier auf unterschiedliche Arten ersetzen, zum Beispiel durch eine halbe Banane oder 50 Gramm Apfelmark. 30 Gramm Erdnussbutter und 20 Milliliter Wasser oder 1 Esslöffel fein gemahlener Leinsamen mit 3 Esslöffeln Wasser vermischt, beides kann nach einer kurzen Quellzeit wie ein Ei zum Teig hinzugegeben werden.

Aus Aquafaba (dem Kichererbsenwasser) lässt sich veganer Schnee schlagen, der als Ersatz für Eischnee verwendet werden kann.

Für herzhafte Teige lässt sich ein Hühnerei gut durch einen Mix aus 40 Gramm Tomatenmark und 20 Millilitern Wasser austauschen.

Vegetarisch kochen

Die vegetarische Küche profitiert von der Vielzahl der Gemüsesorten, die bei uns erzeugt werden. Ohne Fleisch oder Fisch brauchen die Rezepte neben dem größeren Gemüseanteil noch eine stärkehaltige Beilage wie Kartoffeln, Getreide oder Nudeln und/ oder Hülsenfrüchte. Zur Zubereitung der Speisen ist die Zugabe von Pflanzenfett erforderlich, damit wirklich alle Vitamine (auch die fettlöslichen Vitamine) von unserem Körper aufgenommen werden können.

Viele Rezepte in unserem Rezeptteil sind vegetarisch. Wir haben aber nicht auf die Verwendung von Milch, Milchprodukten und Eier verzichtet. Es finden sich in unserem Rezeptteil auch einige wenige Rezepte mit Fleisch oder Fisch, womit sich die Familien wiederfinden, die sich zu den Flexitariern zählen. Traditionell verfügen viele Haushalte über mehr fleischhaltige Gerichte in ihren persönlichen Alltagsrezepten, sodass wir hier zur Ergänzung mehr vegetarische Gerichte anbieten.

Lebensmittelunverträglichkeiten

Haben Kinder und Jugendliche zu viel gegessen, sei es von der Menge insgesamt oder von einzelnen Lebensmitteln, kann es vorkommen, dass dies den Magen-Darm-Trakt überlastet und die Kinder über Bauchschmerzen klagen. Auch langes Sitzen, zu schnell gegessene Mahlzeiten, Stress und psychische Belastungen können auf den Magen schlagen.

Nicht immer, aber manchmal eben doch, führen auch Unverträglichkeitsreaktionen auf bestimmte Lebensmittel zu Beschwerden und infolgedessen wird bei Kindern und Erwachsenen die Diagnose einer Lebensmittelunverträglichkeit und auch auf eine Lebensmittelallergie gestellt. Wird dies nicht bei der Lebensmittelauswahl berücksichtigt, wird die Gesundheit beeinträchtigt und es kommt zu Symptomen wie Bauchschmerzen und Blähungen oder allergische Reaktionen wie zum Beispiel Juckreiz im Mund- und Rachenraum.

Mögliche wiederkehrende Durchfälle durch Lebensmittelunverträglichkeiten verhindern, dass genügend Nährstoffe aus dem Essen durch die Darmwand geschleust und verarbeitet werden und dem Körper zum Funktionieren zur Verfügung stehen. Die Lebensmittel, die derartige Beschwerden verursachen, sollten möglichst nicht mehr in der Küche verwendet und gegessen werden.

Die Familie muss entscheiden, ob es sinnvoll ist, das einzelne oder die betreffenden Lebensmittel komplett zu vermeiden oder ob nur für die betroffene Person Alternativen gefunden werden. Dies ist sicher immer von der Gesamtsituation abhängig. So ist es einfach, bei einer Haselnussallergie eines Familienmitglieds keine Haselnüsse (oder Lebensmittel, die Haselnüsse enthalten) zu kaufen. Dagegen ist es deutlich schwieriger, bei einer **Glutenunverträglichkeit** einer Person den gesamten Haushalt glutenfrei zu halten, da dies deutlich aufwendiger und auch kostenintensiver, aber eben auch absolut notwendig ist.

Zu den häufigsten Lebensmittelunverträglichkeiten gehört die **Laktoseunverträglichkeit**, die Milchzuckerunverträglichkeit. Den Betroffenen fehlt das Enzym Laktase, dass der Körper benötigt, um den Milchzucker in seine Bausteine Galaktose und Glukose zu spalten. So gelangt der Milchzucker in den Dickdarm und ruft Blähungen, ein Völlegefühl, Bauchschmerzen und Koliken, Durchfall und Übelkeit hervor. Als Therapie muss dann laktosefrei oder laktosearm gegessen werden.

Wenn die Diagnose für eine Lebensmittelunverträglichkeit gestellt wurde, sollten die betreffenden Lebensmittel unbedingt vermieden werden. Davon abzugrenzen ist der Verzicht auf einzelne Lebensmittel, weil ein Familienmitglied dies einfach nicht mag.

Vorsicht: Wenn der Speiseplan über lange Zeit sehr einseitig ist, weil eine Vielzahl an Lebensmitteln abgelehnt wird, ist eine gesunde Ernährung und die Deckung des Energie- und Nährstoffbedarfs möglicherweise gefährdet.

Klimabewusst essen mit der Planetary Health Diet

Schaut man sich aktuell die weltweite Ernährungssituation an, dann ist offensichtlich, dass auf unserer Erde etwas nicht stimmt: Auf der einen Seite besteht ein Lebensmittelmangel, während andererseits ein Drittel der Lebensmittel verschwendet oder weggeworfen wird. Zudem bedroht die aktuelle Lebensmittelproduktion die Klimastabilität und die Widerstandsfähigkeit unserer Ökosysteme.

Alles in allem ein haltloser Zustand in einer Welt, in der es eigentlich keine Grenzen mehr gibt. So hat sich die EAT-Lancet-Kommission gegründet, als Zusammenschluss des Fachmagazins Lancet und der EAT-Organisation. Die EAT-Lancet-Kommission ist eine globale Nichtregierungsorganisation mit Sitz in Norwegen. Sie wurde von der Stordalen Foundation, dem Stockholm Resilience Center und dem Wellcome Trust gegründet, damit die UN Sustainable Development Goals und auch die Ziele des Pariser Klimaabkommens durch eine Veränderung der Ernährungssystems erreicht werden können.

Der EAT-Lancet-Kommission gehören 37 Wissenschaftler aus 16 Ländern an, die eine nachhaltige Änderung des Ernährungssystems erreichen wollen. Die Experten vertreten die Bereiche Gesundheit, Landwirtschaft, Politikwissenschaft und Umweltverträglichkeit. Ihnen ist es gemeinsam gelungen, einen Plan zu entwickeln, der die Gesundheit eines jeden Einzelnen schützen soll; der es möglich macht, im Jahr 2050 bis zu zehn Milliarden Menschen mit genügend Lebensmitteln zu versorgen; der hilft, die Häufigkeit der ernährungsabhängigen Erkrankungen und die damit verbundenen Todesfälle zu reduzieren.

Dieser Plan sorgt gleichzeitig für die Verringerung des Treibhausgasausstoßes, für die Erhaltung der Artenvielfalt, die Bekämpfung der Wasserknappheit und für eine Begrenzung der Ackerbaufläche, sodass der gesamte Planet Erde geschützt wird.

DIE ZAHL

800 Millionen

Menschen leiden an Unterernährung.

2,2 Milliarden

Menschen sind übergewichtig.

Will man all diese Ziele erreichen, dann muss ein tiefgreifender globaler Wandel im Ernährungssystem erfolgen, der natürlich von politischer Seite unterstützt werden muss. Ohne einen lebendigen Planeten Erde werden die Menschen nicht dauerhaft gesund bleiben können. Unsere Gesundheit erfordert demnach eine nachhaltige Ernährung.

Ihre Ergebnisse hat die Kommission im Jahr 2019 mit dem Bericht „Planetary Health Diet“ zusammengefasst und veröffentlicht. Dabei ist die „Planetary Health Diet“ keine übliche „Diät“.

Die Kommission hat vielmehr einen modellhaften Speiseplan entwickelt. Dieser Speiseplan gibt keine konkreten Gerichte vor, die auf der ganzen Welt gekocht werden sol-

len, sondern listet all die Lebensmittel auf, aus denen sich jeder Einzelne weltweit unter Berücksichtigung der regionalen, kulturellen und religiösen Unterschiedlichkeiten seine individuellen Mahlzeiten zusammenstellen kann. Damit wird die **„Planetary Health Diet"** für alle Menschen umsetzbar, die über die genannten Lebensmittel und auch über genügend weitere Ressourcen wie zum Beispiel Wasser und Energie verfügen.

Vergleicht man die im Speiseplan enthaltenen Lebensmittelmengen mit den bei uns üblichen Essgewohnheiten, so müsste sich mit einer planetenfreundlichen Ernährungsweise unser Konsum an Gemüse, Obst, Hülsenfrüchten und Nüssen verdoppeln, wohingegen sich der Verzehr von Fleisch und Zucker halbieren müssten. Selbstverständlich ist Getreide in Form von Vollkornprodukten im Speiseplan enthalten, auch hier müssten sich viele Verbraucher umstellen.

Insgesamt soll durch die „Planetary Health Diet" weltweit eine gesunde, pflanzenbetonte Ernährung gefördert werden, wobei alle enthaltenen Lebensmittel weltweit verfügbar und bezahlbar sein sollen.

Daraus ergibt sich, dass sich die Landwirtschaft weltweit anders aufstellen muss, um eine Vielzahl qualitativ hochwertiger Produkte zu erzeugen, aus denen genügend nahrhafte pflanzenbasierte Lebensmittel produziert werden können. Die Ernteerträge müssen durch eine optimierte Bewässerung, durch die Verwendung von trockenheitsresistenten Pflanzen und durch eine verbesserte Bodenqualität erhöht werden.

In der Nutzung von Land und Meer müssten strenge Vorgaben gelten, um die natürlichen Ökosysteme zu erhalten, während gleichzeitig die Lebensmittelversorgung gesichert bleibt.

Die Menge der Lebensmittelabfälle in der Lebensmittelproduktion und Lagerung bis zum Verzehr in den Haushalten muss mindestens halbiert werden. Damit dies überhaupt möglich ist, müssen die Lebensmittelerzeuger unter optimalen Bedingungen arbeiten. Weltweit müssen die Kenntnisse und Möglichkeiten von der Produktion bis zum Verzehr auf ein gleiches Niveau gehoben werden.

Um die Menge der verdorbenen Lebensmittel zu reduzieren, die durch falsche Lagerung, unzureichende Temperaturen, eine falsche Luftfeuchtigkeit oder auf einem langen Transportweg entstehen, muss eine entsprechende Infrastruktur geschaffen werden.

Die einzelnen Haushalte sollen überall auf der Welt lernen, die im Speiseplan vorgesehenen Lebensmittel in den entsprechenden Mengen in ihrer Alltagsküche umzusetzen. Sie müssen unter anderem Kenntnisse zu Portionsgrößen und zur Resteverwertung, zur richtigen Lagerung und zum hygienischen Umgang mit den Lebensmitteln erwerben. Viele Beispiele und Ideen hierzu finden Sie bereits jetzt in unserem Ratgeber.

INFO

Der Speiseplan der Zukunft

- Bei den alltäglichen Lebensmitteln stehen Gemüse und Obst neben Vollkorngetreide und Hülsenfrüchten an erster Stelle.
- Ungesättigte Fettsäuren aus pflanzlichen Quellen und der regelmäßige Verzehr von Nüssen sorgen für genügend Energie.
- Tierische Lebensmittel wie Milch, Käse, Eier sowie Fleisch, Aufschnitt und Wurst sind in kleinen Mengen dabei.
- Der Großteil der Mahlzeiten ist vegetarisch. Ein- bis zweimal in der Woche ist ein Fleischgericht möglich und einmal in der Woche gibt es Fisch.

Die in der „Planetary Health Diet" aufgelisteten Lebensmittel weichen nur an wenigen Stellen von den von uns genannten Empfehlungen ab und passen gut zu einer flexitarischen Ernährungsweise.

Was wirklich neu ist, ist die globale Verknüpfung zur Umwelt und das Schaffen eines Handlungsrahmens für eine nachhaltige und gesunde Ernährung, der weltweit für die Politik, die Wirtschaft, die Landwirtschaft und die Verbraucher gilt.

Wenn Sie nachhaltig(er) leben wollen, dann ist es sinnvoll, wenn Sie sich mit der Produktion von Lebensmitteln beschäftigen und Ihren Lebensmittelverbrauch an der „Planetary Health Diet" orientieren.

Eine Energieaufnahme von 2500 Kilokalorien pro Tag wurde wissenschaftlich ermittelt, die natürlich nur im Durchschnitt gilt. Während Schwerstarbeiter einen höheren Energiebedarf haben, sind 2500 Kilokalorien für ältere Menschen und auch für Jüngere, die sich nur wenig bewegen, zu viel. Hier müssen bedarfsgerechte Anpassungen erfolgen.

Da die im Speiseplan angegebenen Lebensmittel lediglich den Rahmen bilden, aus dem die individuelle Ernährung zusammengestellt wird, können die kontinental unterschiedlichen Ernährungsweisen berücksichtigt werden. Die genannten Lebensmittel-

 INFO

Lebensmittelmengen in der Planetary Health Diet

TÄGLICH

232 g Vollkorngetreide:
verteilt zum Beispiel auf 2 bis 3 Scheiben Vollkornbrot, Getreideflocken für Müsli oder Porridge und Reis, Weizen oder Nudeln.

50 g (0–100 g) Kartoffeln und andere stärkereiche Gemüsesorten wie Maniok

300 g (200–600 g) Gemüse:
aus der Region und saisonal ausgewählt

200 g (100–300g) Obst:
ebenfalls saisonal und regional ausgewählt

75 g (0–100 g) Hülsenfrüchte:
Dazu gehören neben Erbsen und Linsen auch Sojabohnen und die daraus hergestellten Produkte wie Sojadrink und Tofu.

50 g (0–75 g) Nüsse:
Dazu gehören zum Beispiel Haselnüsse oder Walnüsse, aber auch Sonnenblumenkerne oder Leinsamen, die auf tägliche Portionen verteilt werden, um den Energiebedarf zu decken.

250 g (0–500 g) Milchprodukte am Tag:
Das entspricht einem Glas Milch (200 ml) oder einem Joghurt (150 g) und dazu noch 1 bis 2 Scheiben Käse.

40 g (20–80 g) hochwertige ungesättigte Fette: Das sind 3–4 EL Pflanzenöl (z. B. Raps-, Oliven-, Sonnenblumen-oder Walnussöl), die zur Zubereitung der Mahlzeiten verwendet werden können und 11,8g/Tag (0–11,8) gesättigte Fette wie Palmöl, Schmalz oder Talg.

31 g (0–31 g) Zucker:
Hier sind alle möglichen Süßungsmittel wie Honig, Dicksaft oder auch Rohr- und Rübenzucker gemeint.

WÖCHENTLICH

100 g Fleisch (Rind, Schwein oder Lamm) und 200 g Geflügel:
Kleine Mengen können auf mehrere Gerichte verteilt werden oder auch „gesammelt" werden, damit zum Beispiel ein- bis zweimal im Monat ein größeres Steak gegessen werden kann. Auch die Menge an Aufschnitt ist hier bereits enthalten.

1 x 200 g Fisch

2 kleine Eier

mengen sollen möglichst im Wochendurchschnitt erreicht werden und nicht notwendigerweise an jedem einzelnen Tag. Es gibt Mengenangaben für den einzelnen Tag, aber auch eine Spannbreite (diese finden Sie in unserer Auflistung in Klammern gesetzt), durch die individuelle und auch regionale Unterschiede berücksichtigt werden können.

Für eine weltweite Umsetzung bis zum Jahr 2050 müssen sich schrittweise die Anbau- und Produktionswege ändern, damit die globalen Ziele erreicht werden.

Wie lernen Kinder, sich gesund zu ernähren?

Wie nur bringt man Kindern bei, dass eine gesunde Lebensweise Bestandteil des Lebens ist? Eigentlich ist die Antwort ganz einfach: Indem die Eltern genau das vorleben. Denn was Eltern tun, und wie sie es tun, ist vorbildhaft für die Kinder, auch bei der Ernährung.

Esskultur soll auch Spaß machen

Was die Eltern tun, wird schon von den kleinsten Kindern gesehen und nachgeahmt. Wenn die Eltern Salat zubereiten und während der gemeinsamen Mahlzeit auch davon essen, werden die Kinder diesen auch probieren wollen. Nur wenn die Eltern im Haus mit Aufzug die Treppe nehmen, gehen die Kinder auch mit.

Viele Gewohnheiten und Rituale rund um die Mahlzeiten prägen die Kinder. Wenn immer nur am Esstisch gegessen wird, kommen Kinder kaum auf die Idee, dass das auch anders sein könnte. Selbstverständlich kann man auch mit den Kleinen ein Indianermenü im Kinderzimmer im Tipi planen, aber das ist dann mehr ein Event und hat einen ganz anderen Charakter als die „normale Mahlzeit".

Wenn Eltern möchten, dass die Kinder das Gemüse zumindest probieren, gilt das auch für die Eltern. Wenn es oft heißt „Mama (oder Papa) mag das doch nicht" (und muss es daher auch nicht essen), merken sich dies die Kinder und versuchen so auch bestimmte Regeln zu umgehen. Welche Normen Sie zum Umgang mit den Lebensmitteln und für die gemeinsamen Mahlzeiten in der Familie auch immer aufstellen, so gelten diese für Kinder und Eltern gleichermaßen.

Wichtig zum gesunden Umgang mit den Lebensmitteln ist auch, dass Sie Essen nicht als Belohnung oder Strafe einsetzen. Essen ist ein Grundbedürfnis, gemeinsame Mahlzeiten gehören zum Familienalltag. Dabei schaffen die Eltern den Rahmen für die gemeinsamen Mahlzeiten. Es sollte nicht jeder essen, wenn er nach Hause kommt – und das dann auch noch alleine im eigenen Zimmer vor dem PC oder vor dem Fernseher. Pla-

nen Sie gemeinsame Mahlzeiten ein, und wenn ein Familienmitglied nicht dabei ist, weil die Arbeitszeit oder das Freizeitprogramm das bedingen, dann ist das so. Wer zu Hause ist, isst mit und wer keinen Hunger hat, nimmt am gemeinsamen Essen teil, sitzt zumindest dabei.

Die gemeinsamen Mahlzeiten sind einer der Dreh- und Angelpunkte für das Familienleben. Dort haben alle die Gelegenheit zu erzählen, wie der Tag war, was geplant ist, was einen gefreut oder auch geärgert hat. Hier wird gemeinsam gelacht und sicher auch mal gestritten. Dennoch, die gemeinsame Mahlzeit macht aus dem Essen eine wertvolle Angelegenheit und die Zeit ist gut investiert.

Erschaffen Sie deshalb für sich und Ihre Kinder eine gemeinsame Esskultur, in der es auf die gesunde Auswahl und Zubereitung, aber auch auf die Einhaltung von „Tischsitten“ ankommt. Dabei gibt es kein „richtig oder falsch“. Wenn die warme Mahlzeit auf

AUS DEM ALLTAG

Vor einiger Zeit bat eine junge Mutter um eine Ernährungsberatung, da sie eine Essstörung bei ihrer kleinen Tochter vermutete. Die Kleine war zu dem Zeitpunkt etwa 24 Monate alt. Die Mutter berichtete, dass sich das Mädchen mit Freude an der Vorbereitung der Mahlzeiten beteiligte, aber am Tisch nichts von der gemeinsam gerührten Suppe, der gestückelten Möhre oder vom bunt verzierten Broteteller essen mochte. Es stellte sich heraus, dass die Mutter gemeinsam mit dem Kind gekocht hat, aber selber nichts von der Mahlzeit aß. Das Kind saß quasi allein vor dem Teller, die Mutter (ohne Essen) daneben. Der Vater ist ausgezogen, die Mutter mochte alleine nicht essen, war traurig und gestresst. Es fehlte dem Mädchen ein Vorbild. Die Behandlung lag letztendlich nicht beim Kind, sondern bei der Mutter, die lernen musste, trotz der Traurigkeit und der veränderten Lebenssituation mit dem Kind gemeinsam die Mahlzeiten einzunehmen. Und siehe da: Nach und nach haben beide gelernt, dass zusammen einkaufen, gemeinsam kochen und den Tisch decken und eben auch gemeinsam essen viel Spaß machen kann.

gesunde Art und Weise zubereitet wurde, ist diese zum Beispiel auch als Abendessen geeignet. Dass eine warme Mahlzeit am Abend dick macht, stimmt nur, wenn die Mengen zu reichlich und der Energiegehalt zu üppig gewählt ist.

Wird eine Brotmahlzeit von Gemüse begleitet und entspricht die Zusammenstellung der Lebensmittel für den Tag dem 6-5-4-3-2-1-Prinzip → Seite 19 f., gehen auch mal nur „kalte Mahlzeiten". Wir leben in einer Zeit, in der Spontanität und ein gutes Zeitmanagement gefragt ist und da gleicht eben nicht ein Tag dem anderen. Bleiben Sie also flexibel und stressen Sie sich nicht zusätzlich. Vielleicht sorgen unsere Tipps von der Planung der Mahlzeiten bis zur Zubereitung für einen reibungsloseren Ablauf Ihrer alltäglichen Ernährung.

Passen ungesunde Lebensmittel in den Familienalltag?

Sind ungesunde Lebensmittel ab sofort verboten? Muss man ein schlechtes Gewissen haben, weil man gerade Chips knabbern möchte? Muss man bei Einladungen „dankend ablehnen", wenn die angebotenen Speisen nicht den eigenen Vorstellungen von gesunden Mahlzeiten entsprechen?

Alle diese Fragen lassen sich mit „Nein" beantworten.

AUS DEM ALLTAG

In vielen Familien wird immer wieder diskutiert, ob man besser mittags oder abends warm isst. So hat mit eine Mutter erzählt, dass die Einteilung der Mahlzeiten bei ihnen eine Frage der Schul-und Arbeitszeiten ist. An den Tagen, an denen die Kinder (11 und 14 Jahre alt) bis 13 Uhr in der Schule sind, gibt es die warme Mahlzeit zum Mittagessen und am Abend eine Brotmahlzeit. Zu der Brotmahlzeit am Abend gab es zur Ergänzung immer Salat oder Rohkost, auch mal einen besonderen Käse oder selbstgemachten Joghurt. An den Tagen, an denen die Kinder erst am Nachmittag nach Hause kommen, wird für das Abendessen gekocht. Und auch wenn das Kochen der Mittagsmahlzeit zeitlich gar nicht passt, dann gibt es mittags eben ein Müsli und wiederum ein warmes Abendessen. Wichtig sei der Familie aber, dass es einmal am Tag eine gesunde, gemüsereiche und warme Mahlzeit gibt. Dadurch sollen die Kinder lernen, dass das Kochen und die gemeinsame Mahlzeit eine Bereicherung ist – für die Gesundheit und für das Familienleben.

Bei den Nachbarn mit italienischen Wurzeln gab es zweimal am Tag eine warme Mahlzeit, die erste zur Mittagszeit zwischen 13 und 16 Uhr, wenn die Kinder zu Hause waren und eine zweite warme Mahlzeit zwischen 20 und 21 Uhr als Abendessen. Dabei gab es mindestens einmal am Tag ein Nudelgericht.

Die Kultur, aus der man stammt, beeinflusst den Lebensalltag und selbstverständlich auch die Gestaltung der Mahlzeiten. So geben wir alle einen Teil unserer Kultur und unserer Lebensweise auch durch die Wahl der Lebensmittel und Speisen an unsere Kinder weiter.

Auch vermeintlich ungesunde Lebensmittel dürfen in der gesunden und vollwertigen Ernährung den Weg auf den Teller finden. Wer bestimmt überhaupt, was gesund ist und was nicht? Nimmt man es genau, dann entscheidet doch alleine die Menge und Häufigkeit über den Status: Stellen Sie sich eine Tafel Ihrer Lieblingsschokolade vor und auch Ihr Lieblingsgericht vom Lieferdienst. Wenn Sie die Tafel Schokolade in kleinen Portionen genießen, das können zwei Stückchen sein oder auch ein kleiner Riegel – vielleicht im Anschluss an das Mittagessen, mit einer Tasse Tee oder Kaffee, und bewusst ein paar wenige Minuten Pause machen, sich vom Vormittag erholen und entspannen, bevor der

Nachmittagsstress beginnt, dann kann das doch nicht ungesund sein.

Aber genau die gleiche Schokolade, die in großen Mengen im Vorratsschrank lagert und an jedem Abend beim Fernsehen ohne Nachdenken verschlungen wird, ist sicher nicht gesund, obwohl es sich um das gleiche Lebensmittel handelt. Regelmäßige abendliche Snacks, in großer Menge gegessen, verursachen oft ein schlechtes Gewissen und erhöhen häufig das Gewicht.

Genauso macht uns Essen aus der Imbissbude nicht krank, wenn es Burger, Pommes und Co. nur in Ausnahmefällen gibt. Bestehen dagegen mehrere Mahlzeiten in der Woche aus Fast Food, dann können durch den meist hohen Fett-, Energie-, und Salzgehalt gesundheitliche Nachteile auftreten.

Regelmäßige Mahlzeiten verhindern in der Regel das andauernde Bedürfnis nach Snacken, daher empfehlen wir drei Haupt- und zwei Zwischenmahlzeiten pro Tag. Wenn Sie ausnahmsweise Lust auf ein bestimmtes Lebensmittel haben und es sich als Snack am Abend wünschen, dann erlauben Sie sich das auch. Idealerweise setzt man sich dann nicht „leise, still und heimlich" mit der ganzen Tüte Knabbereien oder Süßigkeiten auf das Sofa, sondern teilt die Leckerei gleich mit allen Familienmitgliedern. Hier lassen sich auch gut die Kinder einbeziehen, die die Chips oder Süßigkeiten in gleich große Portionen aufteilen. So bekommt jeder seine eigene Portion und kann im eigenen Esstempo genießen, ohne Sorge, nicht genügend abzubekommen.

Wer alltäglich aus Frust, Stress, zum Trost oder vor Langeweile zu viel isst oder dies bei den Kindern oder Jugendlichen beobachtet, der sollte versuchen, eventuell auch mit therapeutischer Hilfe andere Strategien zur Problembewältigung zu finden.

Und zuletzt: Selbstverständlich können Sie bei Einladungen Speisen ablehnen, müssen nicht essen, was Sie nicht mögen. Kein echter Vegetarier würde aus Höflichkeit die Fleischportion aufessen und ein Allergiker verzichtet selbstverständlich auf das Dessert mit der Milch, die er nicht verträgt.

Und doch sind die gemeinsamen Treffen und Mahlzeiten auch wichtig für das Sozialleben. Die Einschränkungen der sozialen Kontakte, die fehlenden Besuche von Oma und Opa, die einsamen Geburtstagsfeiern und die seltenen Treffen mit einzelnen Freunden in der Coronapandemie haben uns spüren lassen, wie wichtig und besonders es ist, wenn man sich persönlich mit anderen Menschen austauschen kann. Und das ist gesundheitlich höher zu bewerten, als das bei diesen Gelegenheiten möglicherweise gemüsearme Abendessen, der sahnige Kuchen oder das Weißbrotfrühstück. Hier sollte die Freude überwiegen, dass man genau jetzt, mit all den anderen an dieser gemeinsamen Mahlzeit teilhaben kann ...

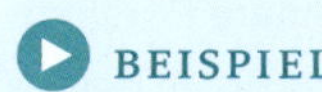

Tagesenergiebedarf	Beispiele für zucker- und fettreiche Lebensmittel in der Menge von 10 %
1000 Kalorien, davon etwa 10 %	20 g Studentenfutter oder 1 kleiner Riegel Schokolade, 20 g Schokolinsen oder 30 g Weingummi
1500 Kalorien, davon 10 %	30 g Chips oder Nussriegel oder 50 g Lakritz
2000 Kalorien, davon 10 %	40 g Zartbitterschokolade oder 10 Fruchtbonbons

Wenn Sie die eigene gesunde Lebensweise für sich und Ihre Familie zu ernst nehmen, stehen Sie sich vielleicht auch manchmal selbst im Weg und vergessen das Wichtigste: Die Freude am Kochen und Essen und den Gewinn für das Familienleben durch die gemeinsamen Mahlzeiten, durch das Zusammentreffen und die Feiern mit der Familie und den Freunden.

Auch das Forschungsinstitut für Kinderernährung (FKE) schafft einen Rahmen für die fett- und zuckerreichen Lebensmittel. Schaut man in die Tabelle mit den Essmengen für Kinder (→ Seite 22), sieht man: Etwa 10 Prozent des Energiebedarfs können ohne schlechtes Gewissen für vermeintlich ungesunde Lebensmittel eingeplant werden, ohne dass es zu gesundheitlichen Einbußen kommt. Die dürfen alltäglich in den Speiseplan eingebunden werden, müssen es aber nicht. Wer keinen Zucker, keine Süßigkeiten und keine Knabbereien haben möchte, muss diese nicht essen. Aber wer ab und zu Lust darauf hat, kann sie gerne in begrenzter Menge genießen.

Sind spezielle „Kinder-Lebensmittel" sinnvoll?

Die Palette an Lebensmitteln, die speziell für Kinder gedacht sind, ist groß. So können Eltern besondere Teesorten, Milchprodukte, Brotaufstriche, Fertigmahlzeiten und zahlreiche „kindgerechte" Getränke oder Süßigkeiten kaufen. Sehr groß ist auch das Angebot an Frühstückscerealien und Pausenmahlzeiten speziell für Kinder.

Kinder und Jugendliche benötigen all diese Produkte nicht! Die Vielzahl der angepriesenen Kinder-Lebensmittel hat lediglich für die Hersteller einen hohen Stellenwert, es ist ein großer Markt, der Profit verspricht.

Meine Kinder möchten beim Einkaufen immer, dass ich die bunten Kinder-Joghurts kaufe, aber sind die eigentlich wirklich besser für sie?

Wirklich gesünder oder kindgerechter sind diese Produkte nicht. Im Gegenteil oft sind vergleichbare Produkte gesünder, preiswerter und verursachen weniger Müll.

Diese „Spezial-Produkte" haben meistens nicht nur einen hohen Preis, sondern oft auch einen hohen Gehalt an Zucker, Fett und an zugesetzten Aromen, vergleicht man sie mit ähnlichen Produkten, die nicht speziell für Kinder hergestellt wurden. Und auch die Verpackungen sind nur selten umweltgerecht.

Nur in ihrem ersten Lebensjahr haben Kinder besondere Ernährungsbedürfnisse, die die Verwendung von einzelnen Produkten notwendig machen, erst recht, wenn Säuglinge nicht gestillt werden. Doch auch für Säuglinge im ersten Lebensjahr werden deutlich mehr Produkte zum Kauf angeboten, als wirklich notwendig sind. Alle Kinder, die ihren ersten Geburtstag bereits gefeiert haben, können ohne spezielle Kinder-Lebensmittel, ohne Nahrungsergänzungsmittel und ohne „mit Nährstoffen angereicherte Lebensmittel" gesund aufwachsen.

Light-Produkte und Eiweißbrot oder andere spezielle Lebensmittel sind für gesunde Kinder völlig überflüssig. Tee benötigt weder Zucker noch Süßstoff, zuckerreduzierte Trinkschokolade hat meistens nicht weniger Kohlenhydrate als andere Sorten und auch die Limonade ohne Zucker sollte nur die Ausnahme sein. Besondere „diätetische" Lebensmittel benötigen nur Kinder oder Familienmitglieder, die tatsächlich aufgrund einer Erkrankung andere Ernährungsbedürfnisse haben. So ist zum Beispiel glutenfreies Brot notwendig, wenn die Diagnose Zöliakie gestellt wurde, für den Speiseplan in gesunden Familien ist es dagegen völlig überflüssig.

Und was ist mit der Scheibe „Extrawurst", die die Kinder beim Metzger oder an der Aufschnitttheke bekommen? Oder das geschenkte kleine Brötchen mit einem Mini-Lutscher beim Bäcker? Erklärt man den Kindern, warum dies ungünstig ist, oder freut man sich, weil die Kinder sich freuen und beschäftigt sind? Ist in dem Fall die Scheibe Fleischwurst ohne Brot die Ausnahme, die ich zu Hause nicht erlaube? Die Entscheidung dafür oder dagegen treffen alleine die Eltern. Finden Sie zum Umgang mit Lebensmitteln für zu Hause und unterwegs klare Regeln und Absprachen. Dabei stellen die Eltern die Spielregeln auf – und nicht die Kinder. Und wenn es die Situation ergibt, dass Sie einmal von den Regeln abweichen, dann kämpfen Sie nicht unnötigerweise mit einem schlechten Gewissen. Es gibt keine Regel ohne Ausnahme.

Fast Food – oder selbst gekocht?

Eine gesunde Ernährungsweise hat oft den Ruf, teuer und zeitintensiv zu sein. Zu Unrecht! Reduziert man den Einkauf von Süßgetränken, Süßigkeiten und Fleisch, hat man die Möglichkeit, mehr Gemüse, Obst und Vollkornbrot zu kaufen. Holt man den Kuchen am Sonntag nicht beim Bäcker, sondern backt für die Familie Waffeln, spart auch das sicher ein paar Euro.

Auch der Einkauf und die Zubereitung der Speisen, die Fahrt in die Imbissbude, die Entsorgung des Verpackungsmülls kostet Zeit.

Gesunde Ernährung muss nicht teurer sein als die ungesunden Varianten. Nur verteilen sich die Ausgaben ein wenig anders:

Das ballaststoffarme Weißbrot ist zwar günstiger, aber dafür sättigt es auch nicht und man isst deutlich mehr Scheiben, die natürlich auch mit Streichfett und Käse oder Wurst belegt sind (die auch Geld kosten und mitgerechnet werden müssen).

Wenn gesunde Mahlzeiten genügend Energie für den Tag liefern, wird weniger gesnackt. Die Pausenmahlzeit, die zu Hause vorbereitet wird, ist deutlich günstiger, als die, die man beim Bäcker oder Metzger kauft.

Für Süßigkeiten und auch für Süßgetränke wird viel Geld ausgegeben, nur wenige Süßigkeiten oder stattdessen der selbstgebackene Muffin und eiskalter Früchtetee entlasten das Lebensmittelbudget.

Und es gibt auch einen qualitativen Unterschied bei Fast Food im Vergleich zu frisch gekochten Mahlzeiten. Schon allein die zur Herstellung eingesetzten Öle sind oft minderwertiger, als die, die Sie zu Hause zum Kochen verwenden.

Insgesamt betrachtet ist frisch gekochtes Essen nicht nur qualitativ, sondern auch preislich die bessere Variante. Fertiggerichte aus dem Supermarkt schneiden gerade bei Familienportionen nicht mehr so günstig ab und die Lieferdienste lassen sich natürlich auch den Aufwand bezahlen.

WOCHENSPEISEF
Mittagessen
Abendessen
Montag
Dienstag
Mittwoch
Donnerstag
Freitag
Samstag
Sonntag

Wie gut geplant alles einfacher wird

Mit guter Planung und ein wenig Struktur lässt sich auch im stressigen Familienalltag die gesunde Familienküche leichter umsetzen. Es gibt außerdem viele Möglichkeiten, um aktiv Zeit zu sparen oder die vorhandenen Zeitfenster effektiv zu nutzen.

Eine Überlegung vorweg, die Ihre Planung sicher weniger kompliziert machen wird: Es ist definitiv nicht möglich, es in jeder einzelnen Mahlzeit jedem Familienmitglied gleichermaßen recht zu machen. Es gibt immer mal etwas, dass die eine oder der andere nicht mag. Aber es ist weder sinnvoll noch machbar, wirklich für jedes Familienmitglied etwas anderes zuzubereiten.

So sollte als Grundregel gelten: Es gibt nur eine Mahlzeit. Und nicht für jeden etwas anderes. Irgendetwas wird immer dabei sein, was die einzelnen Familienmitglieder mögen. Zur Not dürfen einzelne Zutaten, wie Champignons oder Rosenkohl, aus dem Essen geangelt werden. Und sollte wirklich jemand nach dem Essen noch Hunger haben, findet sich sicher noch ein Müsli oder etwas Brot im Schrank.

 WICHTIG

Versuchen Sie nicht, alle unsere Ideen in Ihre Familienstruktur zu pressen, Sie werden nicht alles umsetzen können. Und müssen das auch nicht: Jeder einzelne Mensch und natürlich auch jede Familie als Ganzes haben ihre eigenen Bedürfnisse, Ressourcen und Möglichkeiten. Lassen Sie sich von unseren Ideen inspirieren und wandeln Sie sie so um, dass sie in Ihr Leben passen.

Doch wo fängt man am besten an? Lesen Sie sich unsere Vorschläge in Ruhe durch und picken Sie sich all das heraus, was Ihnen zunächst am wenigsten stressig und für Ihre Familie am passendsten erscheint.

Unsere Planung beginnt mit

- → einem Essens- oder Speiseplan für die kommende Woche → Seite 56 ff.
- → Dann wird dafür eingekauft → Seite 62 ff.
- → Alles wird übersichtlich weggeräumt → Seite 69 ff. ...
- → ... und gut gelagert, damit nichts vor der Zeit schlecht wird → Seite 70 ff.
- → Jetzt ist es so weit: Die Küche wird fürs Kochen einer Mahlzeit vorbereitet → Seite 79 ff.
- → Dann wird endlich gekocht! → Seite 82 f.
- → Der Höhepunkt: Es wird gemeinsam gegessen → Seite 89 ff.
- → Nach dem Essen ist vor dem Essen: Aufräumen muss auch sein → Seite 87.

Sorgen Sie dafür, dass der Einkauf, die Vorbereitung, das Kochen, Essen und Aufräumen von Ihnen nach Ihren Bedürfnissen gut geplant und organisiert sind.

Die Mahlzeitenplanung

Nicht zu wissen, was man Tag für Tag kochen kann, bereitet vielen Familien Stress. Wer nicht weiß, was es zu essen geben wird, der weiß auch nicht, was er einkaufen soll. Immer nur die wenigen selben Gerichte verbreiten auf Dauer Langeweile, auch wenn sie eigentlich allen schmecken. Und jeden Tag die Frage aus hungrigen Mündern zu hören „Was gibt es denn heute?" und erst selbst überlegen zu müssen, macht auch keinen Spaß. Mit der richtigen Planung können Sie es unkompliziert schaffen, einen gesunden und abwechslungsreichen Essalltag zu gestalten.

Bevor Sie konkret die kommende Woche durchplanen, sollten Sie einmalig ein wenig Zeit investieren. Wir schlagen vor, dass Sie

1. gemeinsam mit Ihren Kindern eine Ideenliste mit Lieblingsgerichten zusammenstellen
2. sich eine Rezeptdatei oder Karteikarten anlegen, damit Sie die Rezepte immer gleich zur Hand haben
3. und dann das Essen für die kommende Woche planen.

Mit diesen Vorbereitungen wird die allwöchentliche Essensplanung sehr einfach. Natürlich verändern sich auch Vorlieben, eventuell wiederholen Sie deshalb die Ideensammlung von Zeit zu Zeit.

Eine gute Grundlage schaffen Sie aber bereits beim ersten Mal, die Ihnen das Leben rund um die Küche viel einfacher macht.

1. Die Ideenliste

Sammeln Sie mit Ihrer Familie Ideen. Welche Wünsche gibt es jeweils für die unterschiedlichen Mahlzeiten des Tages? Wenn die Kinder noch klein sind, müssen hier die Eltern mithelfen. Aber in einem dynamischen System wie einer Ideenliste für die

IDEENLISTE

Frühstücksideen: Müsli, belegtes Brot, _______________

Ideen für den Pausensnack: Porridge, Quarkspeise, Obst _______________

Mögliche warme Mahlzeiten: Nudeln mit Soße, Kartoffelauflauf, Reispfanne, Kürbissuppe mit Knoblauchbrot _______________

Ideen für den Nachmittag: Joghurt mit Knuspermüsli, Obstteller, Studentenfutter _______________

Die kalte Hauptmahlzeit: Brot mit Rohkost oder mit eingelegtem Gemüse, mit Nudelsalat, Pfannkuchen, _______________

Mahlzeiten lassen sich natürlich jederzeit neue Gerichte ergänzen und andere fallen vielleicht auch wieder weg.

Sammeln Sie gemeinsam Ideen für das Frühstück, die Pause oder auch nur für die warme und kalte Hauptmahlzeit und das Abendessen und notieren Sie die gefundenen Wunschgerichte oder gewünschten Lebensmittel nach Mahlzeit geordnet auf einem Zettel.

Dabei ist es natürlich kein Problem, wenn manche Lebensmittel und Speisen mehrfach vertreten sind. So ist das nun einmal. Wir können den Joghurt zum Frühstück, in der Pause oder am Abend essen. Aber es kann ja auch einmal die Dickmilch oder die Quarkspeise sein. Je mehr Ideen Sie sammeln, desto abwechslungsreicher lässt sich später der Wochenplan gestalten. Wir alle kaufen meist automatisch ein, gehen in die immer gleichen Geschäfte und packen nahezu immer ähnliche Lebensmittel in den Einkaufswagen. Und so gibt es in der Pause immer dasselbe Brot oder immer den Joghurt, obwohl es eben auch eine Mixmilch, eine Quarkspeise oder ein Müsli sein könnte.

Auch wenn Sie später die jeweiligen Wochen nicht mit allen Wunschmahlzeiten komplett durchplanen, so kann doch eine solche Ideenliste für die kleinen und kalten Mahlzeiten eine echte Anregung für den Essalltag sein, ohne dass deutlich mehr Zeit investiert werden muss.

2. Ihre persönliche Rezeptdatei

Nun haben Sie schon viele gute Ideen für einzelne Mahlzeiten gesammelt. Darauf aufbauend können Sie eine persönliche Rezeptdatei erstellen. Sicher, das eine oder andere Rezept haben Sie bestimmt im Kopf, aber dann bleibt es eben auch bei einigen wenigen Rezepten. Mit einer Vielzahl an einfachen und familientauglichen Rezepten, die bei Ihnen und Ihrer Familie gut ankommen, machen die gemeinsamen Mahlzeiten noch mehr Spaß.

Notieren Sie neue Rezeptideen und auch Ihre aktuellen Lieblingsrezepte auf Karteikarten oder tippen Sie diese in den Computer und kleben Sie sie ausgedruckt auf festes Papier. Größere Kinder können dabei schon mithelfen, kleinere Kinder dürfen Bilder auf die Kärtchen malen. Sie können auch Rezepte aus Zeitschriften ausschneiden und aufkleben oder im Internet gefundene Rezepte ausdrucken. Nehmen Sie dafür nur Rezepte von Gerichten und mit Zutaten, die Sie mögen. Wozu sollten Sie zum Beispiel mehrere Gerichte mit Reis hinzufügen, wenn keiner in der Familie Reis mag?

Eine gute Größe wäre DIN A6 für eine solche Rezeptkartei, aber nehmen Sie einfach das für Sie passende Format, die Rezepte können Sie natürlich auch digital speichern, wenn Sie in der Küche gerne das Tablet nutzen.

Achten Sie darauf, dass Sie jeweils mehrere Rezepte mit unterschiedlichen Grundzutaten haben. Also beispielsweise mehrere Gerichte mit Kartoffeln, Reis oder Nudeln. Und vergessen Sie die Ideen für die Zwischenmahlzeiten oder die kalte Hauptmahlzeit nicht, für die Sie ein Rezept benötigen.

So könnte Ihre Rezeptdatei aussehen:

Unsere Lieblingsrezepte

Kartoffeln: Backkartoffeln mit Dip, Kartoffelauflauf, Spitzkohl-Kartoffel-Eintopf ...

Reis: Mediterrane Gemüsepfanne mit Joghurt-Minz-Soße, Reis mit Ratatouille ...

Nudeln: Cannelloni, überbackene Gemüsenudeln, Linsenbolognese ...

Getreide: Weizenpfanne, gefüllte Paprikaschoten auf Tomatensoße, Italienische Polenta ...

Mehlspeisen: Pfannkuchen, Zimtschnecken ...

Salate: Bulgursalat, Feldsalat, Kartoffelsalat ...

Süße Gerichte: Pfannkuchen aus dem Ofen, Milchreis ...

Fisch: Schlemmerfilet, Curryfisch mit Lauch, Gefüllte Zucchini mit Thunfisch ...

Fleisch: Italienisches Blech, Bratwurstspieße, Hähnchentopf ...

Suppen: Zucchini-Käse-Suppe, Gemüsecremesuppe, Kartoffelsuppe, Feine Linsensuppe ...

Wenn es superschnell gehen muss: Nudeln mit Pesto, überbackener Gemüsetoast ...

Reste: Bauernomelette, Zwiebelsoße mit Grillfleisch ...

Für die Pause: Müsliriegel, Haferflockenknusperkekse ...

Unser
Speiseplan
Montag
Quark - Aprikosen - Auflauf
Dienstag
Bulgursalat
Mittwoch
Curry-Fisch mit Lauch und Kartoffeln
Donnerstag
Schweinefilet mit Mango
Freitag
Kartoffel- und Möhrenstifte mit Kräuterquark
Samstag
Paprika-Kartoffelgulasch
Sonntag
Gefüllte Wraps
Besonderes
Du weißt, dass er dich liebt, wenn er dich das letzte Stück Pizza essen lässt.
UNSERE
LIEBLINGSREZEPTE

Dann können Sie für sich und die Familie überlegen, wie die gemeinsamen Hauptmahlzeiten aussehen sollen. Wie oft soll es welche Lebensmittel/Speisen pro Woche geben?

Beispiel

Wir wollen pro Woche essen:

- → Ein- bis zweimal Reis, Nudeln oder anderes Getreide
- → Ein- bis zweimal Kartoffeln
- → Ein- bis zweimal Suppe oder Eintopf
- → Einmal ein süßes Hauptgericht (nicht jede Woche)
- → Einmal ein Auflauf
- → Maximal ein- bis zweimal Fisch
- → Maximal ein- bis zweimal Fleisch

Damit es ein gesunder und abwechslungsreicher Speiseplan wird, können Sie sich an der Ernährungspyramide → Seite 20 orientieren.

Nicht jede Woche muss gleich aussehen, im Sommer sind Eintöpfe sicher seltener als Salat. Mal gibt es ein oder zwei Gerichte mit Fleisch, in einer anderen Woche vielleicht gar nicht. In jeder warmen Mahlzeit sollte Gemüse stecken oder dazu ein Salat ergänzt werden. Passende Rezepte finden Sie auch in unserem Rezeptteil → Seite 110.

3. Was wollen wir diese Woche essen?

Einmal in der Woche, vielleicht im Anschluss an eine Mahlzeit oder beim Sonntagsfrühstück, sollten Sie gemeinsam mit Ihrer Familie überlegen, was es in der nächsten Woche zu essen geben soll, damit der Einkauf geplant werden kann.

Hier ein paar Vorschläge, wie Ihr Planungsprozess ablaufen kann:

Variante 1:
Die Karteikarten mit den Gerichten werden in einen Karteikasten sortiert und man nimmt immer die vorderen sieben Karten für die kommende Woche. Ist die Woche um, wandern sie an das Ende des Rezeptstapels. Diese Variante ist einfach umzusetzen und so wechseln sich automatisch verschiedene Gerichte ab.

Variante 2:
Jeder darf sich aus der Rezeptsammlung ein oder zwei Gerichte aussuchen und diese werden dann in den Wochenspeiseplan übertragen.

Variante 3:
Jeder bekommt einen oder zwei „Ich wünsch mir was"-Tage. Jedes Familienmitglied darf bestimmen, was es an ein bis zwei festen Wochentagen zu essen gibt, das heißt, dass die jeweilige Person – zum Beispiel aus der Rezeptdatei – die Gerichte aussucht.

BEISPIEL

Unser Wochenspeiseplan für die zwei Hauptmahlzeiten „Mittag- und Abendessen“

	MONTAG	DIENSTAG	MITTWOCH	DONNERSTAG	FREITAG	SAMSTAG	SONNTAG
MITTAG-ESSEN	Kartoffel-Spitzkohl-Eintopf	Bulgur-Gemüse-pfanne	Quark-Aprikosen-Auflauf	Italienische Polenta mit Salat	Gefüllte Zucchini mit Thunfisch	Toastbrot mit Käse	Joghurt mit Knuspermüsli
ABEND-ESSEN	Gefüllte Wraps	Vollkornbrot und Salat	Bulgursalat	Vollkornbrot-ecken und Kichererbsen-creme	Polentaecken mit Ratatouille	Nudeln mit Linsenbolog-nese	Hähnchentopf mit Reis
IDEEN	Etwas mehr zubereiten für die Pausen-mahlzeit am Dienstag	Direkt die dop-pelte Portion Bulgur für Sa-lat am Mitt-woch kochen	Rest des Bul-gursalats als Pausenmahl-zeit mitneh-men	Direkt mehr Creme für das nächste Pau-senbrot anrüh-ren, Polenta für morgen mitkochen	Schon jetzt den Speise-plan für die nächste Wo-che überlegen	Linsenbolog-nese lässt sich super einfrie-ren, mehr ko-chen und ein-frieren	Doppelte Reismenge kochen, ein-frieren für Reissalat nächste Woche

Bei der Zuordnung, welches Gericht es an welchem Wochentage geben soll, sollten Sie berücksichtigen, wann die Lebensmittel eingekauft werden und welche frischen Lebensmittel schneller verbraucht werden müssen. Und auch die Zeitfenster, die zum Kochen zur Verfügung stehen, sollten Sie beachten.

Möchten Sie einen kompletten Wochenspeiseplan aufstellen, der wirklich für sieben Tage in der Woche mit jeweils fünf Mahlzeiten gefüllt wird, ist die Planung sehr aufwendig und zeitintensiv. Für die meisten Familien reicht es sicher aus, sich bei der Planung auf die warme Mahlzeit zu beschränken und noch besondere Ideen für die Schule oder die zweite Hauptmahlzeit zu notieren.

Und so geht's:
Schreiben Sie den gemeinsam erstellten Wochenplan gut lesbar auf.

Es kann ein Blatt Papier sein, das an der Pinnwand hängt oder einfach am Kühlschrank mit Magneten befestigt wird. Sie können aber auch eine Leinwand bemalen und den Speiseplan darauf mit Stecknadeln befestigen, oder eine Tafel nutzen.

Wenn Sie den Plan aufstellen wollen, lässt sich ein (Rezept-)Buchständer als Halterung umfunktionieren, oder Sie stellen den Plan zusammen mit dem Tablet auf einen Tabletständer.

Rezeptkarten sollten in jedem Fall aus festem Papier sein, damit sie stabiler sind. Wenn die Rezeptkarten zusätzlich laminiert werden, sind die Karten abwaschbar und für den Gebrauch in der Küche sicher länger nutzbar, allerdings erhöht sich dadurch auch der Kosten- und Zeitaufwand.

Einkaufen gehen: Die Herausforderung des Alltags

Einkaufen kostet nicht nur Geld, sondern auch Zeit und Energie. Nach der Arbeit sind die Geschäfte oft voll, die Kinder müde, alle hungrig und damit wird der Einkauf zu einer anstrengenden Mission. Aber es hilft nichts – wenn der (Kühl-)Schrank leer ist, muss Nachschub her.

Für die meisten ist der gut geplante Einkauf einmal pro Woche womöglich die beste Variante. Zwischendurch müssen Sie dann nur noch einkaufen, was an frischen Lebensmitteln erforderlich ist.

Denn wer täglich einkaufen geht, gibt meistens mehr Geld aus, weil auch immer wieder Artikel in den Einkaufswagen wandern, die man nicht zwingend benötigt. Und natürlich steigen mit dem täglichen Einkauf auch der Zeitaufwand und die Fahrtkosten.

Wer außerdem nicht erst vor Ort im Supermarkt überlegt, welche Lebensmittel benötigt werden, sondern vorab bereits den Einkaufszettel geschrieben hat, der geht ziel-

Unser Lebensmittelbudget ist begrenzt. Wir würden gerne alles in „Bio-Qualität" kaufen, aber das können wir nicht. Ist ohne Bio eine gesunde Ernährung überhaupt möglich?

Achten Sie beim Einkauf auf regionale Produkte und nutzen Sie möglichst selten Fertiggerichte. Mischen Sie die Lebensmittel nach dem 6-5-4-3-2-1-Prinzip. Wenn Sie mögen, nehmen Sie gerne auch einzelne Bioprodukte, und unterstützen damit unsere Umwelt, aber gesund essen geht auch ohne.

gerichteter durch die Gänge und ist schneller wieder draußen.

Bei guter Einkaufsplanung können Sie Sonderangebote berücksichtigen. Und wenn Sie doch einmal etwas mehr Zeit haben: Genießen Sie es, durch das Lebensmittelgeschäft zu bummeln und schauen Sie einmal, ob Sie nicht Produkte finden, die Sie nicht doch einmal ausprobieren wollen und die Ihren Speiseplan ergänzen können.

Mit Vorräten in der passenden Menge ist es kein Problem, auch einmal die Zeit bis zum nächsten Einkauf zu verlängern und ungeplanter Besuch wird auch satt. Doch wenn der Vorratsschrank immer voller und unübersichtlicher wird, verliert man schnell den Überblick. Und wenn man nicht weiß, wo welche Produkte liegen oder was noch nicht verbraucht wurde, kostet das Suchen mehr Zeit als das ordentliche Einräumen nach dem Einkauf. Auch Vorräte können verderben.

Einkaufen mit Kindern ist ganz klar eine besondere Herausforderung. Mit Kindern kann man nicht so zielstrebig durch den Supermarkt jagen und „nur mal eben schnell" eine Kleinigkeit besorgen. Nimmt man die Kinder besser nicht mit? Auch nicht immer richtig. Wie sollen sie sonst lernen, dass man für bestimmte Gerichte bestimmte Lebensmittel benötigt und am Ende für den Einkauf auch Geld bezahlen muss? Nur so bekommen sie live mit, dass die Lebensmittel und Getränke nicht automatisch zu Hause landen, sondern es eine umfassende Aufgabe ist, alles zu besorgen. Also: Wenn es irgendwie geht, planen Sie immer mal wieder etwas mehr Zeit ein und nehmen Sie Ihre Kinder mit zum Einkaufen! Denn auch das ist lehrreich: Nicht alles, was es im Supermarkt gibt, kaufen wir auch!

1. Saisonal, 2. regional und optional Bio

Lässt sich nur mit „Bio"-Lebensmitteln eine gesunde Ernährung umsetzen oder ist die Herkunft der Lebensmittel völlig egal?

Für eine gesunde Umwelt und eine nachhaltige Lebensweise sollten Sie genauer hinschauen, was sie in welchen Mengen kaufen und wo genau die Lebensmittel herkommen.

Grundsätzlich ist der Einkauf saisonaler und regionaler Produkte eine gute Entscheidung. Produkte, die gerade Saison haben, sind frischer, werden reif geerntet und schmecken meist besser. Leider sind diese Produkte nicht mehr durchgängig durch einen günstigeren Preis erkennbar. Dennoch wird durch regionale Produkte auch die regionale Wirtschaft gestärkt und durch kurze Transportwege die Umwelt weniger belastet.

Bioprodukte zeichnen sich durch weniger oder gar keine Rückstände von Pflanzenschutzmitteln aus und enthalten meist deutlich weniger Nitrat aus der Düngung. Bei einigen pflanzlichen Lebensmitteln ist der Gehalt an sogenannten sekundären Pflanzenstoffen höher. Der Gehalt an Kalorien und Nährstoffen ist allerdings in Bio-Lebensmitteln und in konventionell hergestellten Produkten nahezu gleich. Die ökologische Wirtschaftsweise bedingt, dass die Ernteerträge geringer und die „Manpower" beim Anbau der Produkte größer ist, woraus sich auch das höhere Preisniveau ergibt.

Obst und Gemüsesorten aus der Region und entsprechend der Saison, konventionell oder biologisch erzeugt, findet man auch auf dem Wochenmarkt. Hier sind die Transportwege meistens kurz und es wird wenig Verpackungsmaterial gebraucht. Dennoch sollte man im Zweifelsfall das Verkaufspersonal an den Marktständen fragen, denn neben den eigen erzeugten Lebensmitteln aus der Region wird für ein komplettes Sortiment auch am Großmarkt zugekauft.

Doch oft ist der Wochenmarkt unter der Woche, also genau dann, wenn man arbeiten muss und damit fällt diese Einkaufsvariante für viele Berufstätige weg.

Bleibt der Einzelhandel, also der Gemü-

 INFO

Hygieneregeln fürs Einkaufen

Kaufen Sie nur einwandfreie Produkte. Das bedeutet nicht, dass die Gurke gerade und die Möhre immer gleich aussehen sollten, aber bereits verdorbenes, angeschimmeltes Obst und Gemüse sollte nicht gekauft werden. Greifen Sie lieber auf tiefgefrorenen Alternativen zurück, wenn Sie unbedingt ein bestimmtes Produkt benötigen und die Frischware nicht mehr wirklich frisch aussieht. Verdorbene Produkte übertragen die Mikroorganismen bereits im Einkaufskorb und greifen später auch zu Hause die unverdorbenen Lebensmittel an.

Nehmen Sie eine Kühltasche für leicht verderbliche Waren mit, damit die Kühlkette nicht unterbrochen wird. Hinein gehören fertige Salate, Fleisch, Aufschnitt, Käse, Fisch und Räucherfisch und natürlich auch die Tiefkühlprodukte, die nicht direkt nach dem Einkaufen zubereitet werden.

Achten Sie beim Einkauf von Eiern darauf, dass sie nicht angestoßen sind.

Kaufen Sie nur Produkte, deren Verpackungen nicht beschädigt sind.

Achten Sie auf das Mindesthaltbarkeitsdatum und das Verbrauchsdatum → Seite 72 f.

seladen, der Metzger oder auch der Käsehändler. Die Produkte im Einzelhandel sind vergleichbar mit denen vom Wochenmarkt. Der Zeitaufwand beim Einkauf in verschiedenen Einzelhandelsgeschäften ist jedoch deutlich größer, da alle Geschäfte einzeln aufgesucht werden müssen und meist nur wenig Personal die Kunden einzeln bedient. Das dauert, ermöglicht aber auch soziale Kontakte.

Mit dem Einkauf von Bio-Lebensmitteln unterstützt man eine umweltfreundliche Erzeugung von Lebensmitteln. Mittlerweile finden sich Bio-Supermärkte auch in kleineren Städten und das dortige Vollsortiment ermöglicht den Einkauf von allen Dingen des täglichen Bedarfs. Oft ist auch eine Online-Bestellung mit Lieferung nach Hause möglich. Aber hier sind die Preise meist höher und so muss überlegt werden, ob das Familienbudget den Komplett-Einkauf im Biosupermarkt zulässt.

Auch beim Einkauf im Supermarkt und Discounter findet man immer mehr Produkte in Bio-Qualität, und konventionell erzeugte Lebensmittel aus der Region. Diese sollten bevorzugt im Einkaufswagen landen.

Wer im Supermarkt einkauft, sollte sich nicht vom Angebot überrollen lassen und nicht mehr einkaufen, als tatsächlich benötigt wird. Auch hier kann man darauf achten, dass nicht zu viel Verpackungsmüll mit eingekauft wird. Und natürlich sollten Sie

vermehrt zu den frischen, weitgehend unverarbeiteten Lebensmitteln greifen und die Masse der Fertiglebensmittel links liegen lassen.

Schaffen Sie es nicht regelmäßig zum Einkaufen, ist die Lieferung von Biokisten eine gute Alternative. Hiermit werden überwiegend regionale Produkte in die Haushalte geliefert und so wird die regionale Lebensmittelproduktion gestärkt. Dabei liefern die Anbieter die Gemüse- und Obstkisten als Abo oder auf Bestellung. In der Regel lässt sich der Inhalt der Kisten individualisieren, damit die Vorlieben und Abneigungen der Familie berücksichtigt werden. Und selbstverständlich können die Mengen an die Personenzahl angepasst werden.

 IDEEN FÜR IHREN VORRAT

FRISCHE LEBENSMITTEL
jeweils mehrere unterschiedliche Gemüse- und Obstsorten, nach Saison
Kräuter, frisch oder Tiefkühlware
Backwaren (Vollkornbrot, Vollkornbrötchen)
Frische Milch- und Milchprodukte oder auch pflanzliche Ersatzprodukte wie: Trinkmilch, Joghurt, Buttermilch, Dickmilch, Quark, Käse
Soja- oder Haferdrink oder andere Pflanzendrinks
Butter oder Margarine, Sahne oder Schmand
ggf. Fleisch/Fisch/Eier und/oder Aufschnitt

HALTBARE LEBENSMITTEL
Kartoffeln
Zwiebeln, Knoblauch
Haltbare Milch/Milchprodukte
Vollkornmehl, Mehl, Stärkemehl, Paniermehl
Puddingpulver für Kochpudding
Nudeln, Reis, Linsen
Haferflocken, Müsli, Cornflakes
ggf. Weizengrieß, Maisgrieß, Couscous, Bulgur
Instant-Gemüsebrühe
Zucker, Puderzucker
Backpulver, Trockenhefe
Mandelmus oder andere Nussmuse
Nüsse, Mandeln zum Backen
Kakaopulver, entölt
Gewürze wie Salz, Pfeffer und/oder Pfefferkörner, Chilipulver, Currypulver, Kurkuma, Muskatnuss, Paprikapulver, Vanillepulver, Zimt
Getrocknete Kräuter wie Basilikum, Koriander, Oregano, Thymian, Rosmarin
Honig oder Sirup oder Dicksaft
Rapsöl, Olivenöl, Weißweinessig, Balsamico-Essig, Sojasoße
Senf, Ketchup, Mayonnaise

Konserven
Passierte Tomaten, Tomatenstücke
Gemüse wie Mais, (Kidney-)Bohnen oder Erbsen
Eingelegte Gemüse wie Gewürzgurken, Paprika oder auch Oliven
Früchte in Glas oder Dose wie Kirschen oder Aprikosen
Kokosmilch
Pesto, Tomatenmark
Konfitüre, Schokocreme

Snacks
Nüsse, Rosinen, Cracker, Kekse

Getränke
Kaffee, Tee, Kakaopulver
Saft

Tiefkühlvorrat
Gemüse, Früchte, Kräuter
Fisch
Brot, Toastbrot

EINKAUFSLISTE

Gemüsesorten

____

____

____

____

____

Obstsorten

____

____

____

____

____

- ☐ Kartoffeln
- ☐ Zwiebeln/Knoblauch
- ☐ Frische Kräuter

____

____

Backwaren:

- ☐ Vollkornbrot
- ☐ Vollkornbrötchen

____

____

Milch/Milchprodukte und pflanzlicher Ersatz:

- ☐ Trinkmilch
- ☐ Hafer-/Sojadrink
- ☐ Joghurt
- ☐ Buttermilch/Dickmilch
- ☐ Quark
- ☐ Käse
- ☐ Butter/Margarine
- ☐ Sahne/Schmand
- ☐ Kokosmilch

Fleisch/Fisch/Eier Aufschnitt:

____

____

____

____

____

____

Trockenwaren wie:

- ☐ Vollkornmehl
- ☐ Nudeln/Reis
- ☐ Hülsenfrüchte
- ☐ Gewürze

____

____

____

____

____

Backzutaten

____

____

____

Vorrat wie:

- ☐ Essig/Öl/Senf

____

____

____

____

____

Konserven:

- ☐ Tomaten/-stücke
- ☐ Gemüse/Früchte
- ☐ Eingelegte Gemüse
- ☐ Pesto/Tomatenmark
- ☐ süßer Brotbelag

____

____

____

Snacks

Getränke

____

____

____

Tiefkühlvorrat:

- ☐ Gemüse, Früchte
- ☐ Fisch
- ☐ Brot, Toastbrot

____

____

____

Sonstiges:

- ☐ Spülmittel

____

____

____

____

____

____

Die Einkaufsliste finden Sie auch als Kopiervorlage unter
https://www.ratgeber-verbraucherzentrale.de/familienkueche

 INFO

Anbieter von Bio- oder Gemüsekisten finden Sie am besten online mit der Suche nach „Biokiste in meiner Nähe" oder über ein Verzeichnis von Ökokisten bundesweit:
https://www.oekokiste.de/betriebe/

→ **TIPP**

Eventuell etwas mehr Zeit benötigen Sie mit dem Beitritt zu einer Initiative der solidarischen Landwirtschaft („Solawi"). Hierbei unterstützen Sie einen oder mehrere landwirtschaftliche Betriebe direkt, bekommen frisches Gemüse saisonal geliefert oder holen es selbst vor Ort ab. In vielen Fällen haben Sie auch die Möglichkeit zur Mitarbeit auf dem Feld. Mehr Infos:
www.solidarische-landwirtschaft.org/

Die Einkaufsplanung

Es erleichtert Ihren Einkauf, wenn Sie sich eine persönliche Checkliste erstellen, mit den Lebensmitteln, die sie für die alltägliche Zubereitung der Speisen benötigen. Unseren Einkaufszettel finden Sie als Kopiervorlage → Seite 67 und als Download unter **www.ratgeber-verbraucherzentrale.nrw/familienkueche**

Steht der (ungefähre) Essplan, dann lässt sich daraus der Einkaufszettel schreiben. Listen Sie gezielt die benötigten Zutaten auf. Ein Blick in den Vorratsschrank hilft, auf diese Weise direkt die Vorräte wieder aufzufüllen.

Grundsätzlich ist eine Einkaufsliste ideal, um den Einkauf zu planen und gezielt durch das Geschäft zu gehen. Idealerweise notieren Sie die Lebensmittel bereits so auf Ihrem Einkaufszettel, wie sie in „Ihrem" Supermarkt präsentiert werden. Wenn Sie nur das kaufen, was wirklich gebraucht wird, spart das Ressourcen (Zeit und Geld) und vermeidet das Wegwerfen von Lebensmitteln.

Mit dem Wocheneinkauf werden die Bestände des Lebensmittelvorrats wieder aufgefüllt, auch die, die eine eher kurze Haltbarkeit haben, wie Milch und Joghurt. Die frischen Lebensmittel wie Gemüse und Obst, Milch und Käse oder auch Aufschnitt und Fleisch/Fisch werden ein- bis zweimal in der Woche eingekauft. Dabei sollte bei der Wochenplanung berücksichtigt werden, wann der Einkauf stattfindet und in welcher Reihenfolge die Rezepte eingeplant werden. Die zu Wochenbeginn eingekauften Champignons halten trotz guter Lagerung (→ Seite 71) vermutlich nicht bis zum Ende der Woche durch.

Auch der Vorratsschrank sollte regelmäßig sortiert und aufgefüllt werden.

Lebensmittel einräumen und richtig lagern

Bereits für den Weg nach Hause sollten die Lebensmittel hygienisch gepackt werden. Für den Transport sind folgende Regeln hilfreich:

→ Alle zu kühlenden Lebensmittel gehören zusammen in einen Einkaufsbeutel oder in eine Transportbox, Tiefkühlware am besten in eine Kühltasche. Gerade im Sommer tauen die gefrorenen Lebensmittel sonst schon an und auch die Kühlware verdirbt vorzeitig.

→ Empfindliche Obst und Gemüsesorten sollten immer oben auf die weniger empfindlichen Einkäufe gelegt werden.

→ Trockene Papiertüten von Mehl und Zucker sollten nicht durch andere, vielleicht feuchte Lebensmittel durchweichen.

→ Reinigungsmittel gehören nicht neben unverpackte Lebensmittel.

Zu Hause geht es mit dem Wegräumen der Lebensmittel weiter. Möglichst schnell müssen die frischen Lebensmittel in den Kühlschrank, die Vorräte in den Vorratsschrank oder Keller.

Für die Lagerung sollten immer auch genügend Aufbewahrungsdosen oder Gläser zur Verfügung stehen, damit die Lebensmittel direkt nach dem Einkauf oder nach dem Anbruch der Verpackungen jederzeit hygienisch einwandfrei aufbewahrt werden kön-

 INFO

Hygieneregeln für die Lagerung von Lebensmitteln

Die richtige Lagerung von Lebensmitteln verbessert die Haltbarkeit, das schont die Umwelt und spart Geld.

Zur Vermeidung von Infektionen und Vergiftungen müssen Lebensmittel und zubereitete Speisen immer geschützt gelagert werden. Sie gehören in geschlossene Gefäße oder müssen abgedeckt werden. Hierfür können Sie Frischhaltefolie oder auch einfach einen Teller nehmen. Fliegen, die sich auf Speisen und Lebensmittel setzen, können Bakterien auf die Lebensmittel übertragen.

Obst und Gemüse wird immer erst kurz vor dem Verzehr gewaschen, da sonst die natürliche Schutzschicht beschädigt werden könnte, was zu vorzeitigem Verderb führen würde.

Denken Sie daran, den Vorratsschrank und auch den Kühlschrank sauber zu halten und regelmäßig mit Essigwasser → Seite 70 zu reinigen.

Und last, but not least: Halten Sie Ihre Haustiere von den Lebensmitteln fern, da auch über die Tiere Mikroorganismen auf das Essen übertragen werden können.

nen. Und wenn keine passende Aufbewahrungsdose oder ein altes Schraubglas zur Verfügung steht, dann nehmen sie doch einfach ein Schälchen oder eine Schüssel und decken diese mit einem Teller ab.

Ordnung spart Zeit

Ganz sicher hilft ein gut sortierter Vorratsschrank beim Zeitsparen. Stehen Lebensmittel immer an der gleichen Stelle, dann findet man sie schneller wieder. Gerne auch gruppiert: Stellen Sie Lebensmittel, die zusammengehören, wie zum Beispiel die Backzutaten Vanille, Backpulver und Trockenhefe oder auch Reis, Weizen und Nudeln, stets zusammen in ein Fach.

Wenn jedes Produkt seinen festen Platz hat, können Sie sich außerdem schneller einen Überblick über den Bestand verschaffen, wenn Sie den nächsten Einkaufszettel schreiben wollen.

Grundsätzlich sollten Sie die neuen und länger haltbaren Produkte hinter die räumen, die eine kürzere Haltbarkeit haben. Sortieren ist angesagt. Das scheint mühselig, beugt aber dem Wegwerfen von abgelaufenen und nicht mehr nutzbaren Lebensmitteln vor.

Die Produkte, die man oft benötigt, müssen in Reichweite stehen. Was man nur selten benötigt, gehört weiter nach hinten oder oben.

Alle Vorräte, ob im Vorratsschrank oder im Kühlschrank, müssen regelmäßig durchgeschaut werden. Ist etwas abgelaufen, beschädigt oder nicht mehr gut? Muss etwas zeitnah verwertet werden? Dann schnell um- und gegebenenfalls aussortieren.

Was nicht mehr in der Originalverpackung steckt und sich in einer Aufbewahrungsbox befindet, muss beschriftet und mit dem Haltbarkeitsdatum versehen werden, damit man die Lagerungszeit im Blick hat.

Richtig lagern im Kühlschrank

Bei den meisten Kühlschränken lassen sich verschiedene Kühltemperaturen einstellen.

INFO

Herstellung von Essigwasser

500 ml Essig (weiß) mit 250 ml Wasser in einer leeren Sprühflasche mischen. Wer mag, kann noch 20–25 Tropfen Eukalyptus- oder Lavendelöl zugeben. Die groben Verschmutzungen im Kühlschrank oder Vorratsschrank entfernen, einsprühen, kurz einwirken lassen und dann mit einem sauberen Tuch durchwischen. Die antibakterielle Wirkung vom Essig hilft bei der anhaltenden und effektiven Reinigung.
Mehr Tipps zur einfachen, schnellen und nachhaltigen Haushaltsführung finden Sie in dem Ratgeber „Haushalt im Griff“: **www.ratgeber-verbraucherzentrale.de**

In der Regel reicht eine Temperatur von maximal 7 °C aus, dabei sind die unteren Fächer oberhalb der Gemüseschublade tatsächlich am kältesten. Neue Kühlschränke haben oft 0-Grad-Fächer mit hoher Luftfeuchtigkeit, eins für Gemüse und Salat und eins mit geringer Luftfeuchtigkeit zur Lagerung von Fleisch und Fisch.

In den Kühlschrank gehören keine „schmutzigen" Lebensmittel, da die Verunreinigungen dazu führen, dass empfindliche Lebensmittel schneller verderben. Daher sollten Sie die Schmutzstellen von Möhren und anderen Gemüsesorten abbürsten, Milch oder Sahnespuren sofort wegputzen.

Ist der Kühlschrank zu voll, werden die Lebensmittel unsortiert eingeräumt, dann bleibt beim Suchen und Entnehmen der Lebensmittel die Kühlschranktür zu lange offen stehen. Damit geht Kälte verloren, die Lebensmittel verlieren an Haltbarkeit und der Energieverbrauch steigt. Daher ist Ordnung im Kühlschrank wie im Vorratsschrank wichtig: Stellen Sie alles an den gewohnten Platz. Verderbliche Lebensmittel sollten nicht hinter länger haltbaren Lebensmitteln versteckt sein. Schauen Sie regelmäßig den Vorrat durch und wischen Sie auch den Kühlschrank regelmäßig mit Essigwasser aus.

INFO

Tipps zur Kühlschranklagerung

- Käse behält seinen Geschmack am besten unter der Käseglocke oder eingeschlagen in Käsepapier. Ein Käsestück ist etwa eine Woche haltbar, die Scheiben ebenso wie Aufschnitt nur wenige Tage.
- Pilze nicht in der Folienverpackung in den Kühlschrank stellen, sondern in ein trockenes Geschirrtuch wickeln, im Gemüsefach auf Küchenpapier oder in einer Papiertüte lagern.
- Milch (auch H-Milch) und auch geöffnete Fruchtsäfte in drei Tagen verwenden. Bleibt von 1-Liter-Verpackungen immer reichlich übrig, das später weggeschüttet werden muss, dann auf kleinere Verpackungen umstellen.
- Hackfleisch und auch Fisch unbedingt am Kauftag verarbeiten oder einfrieren.
- Eier halten im Kühlschrank etwa vier Wochen, im Vorratsschrank nur ein bis zwei Wochen. Angeschlagene Eier sollten sofort verarbeitet werden. Aufgeschlagen lassen sich Eier (Eiweiß und Eigelb eventuell getrennt) auch gut einfrieren und sind nach dem Auftauen gut zum Backen geeignet.

Was gehört wohin?

In das Gemüsefach unten (oder 0-Grad-Fach) gehören Gemüse und Salat, die Früchte la-

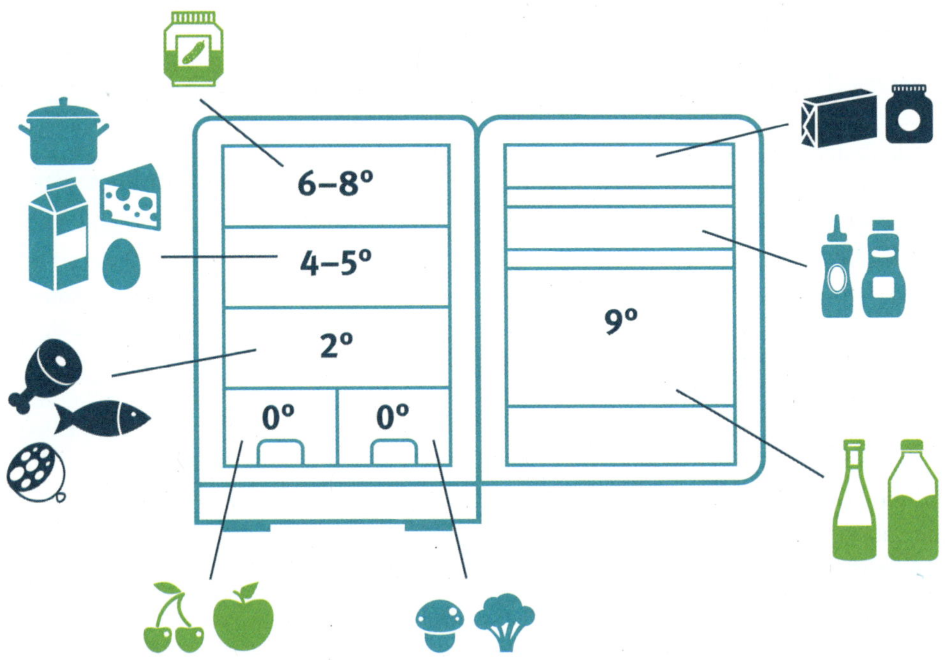

gern idealerweise separat und nicht direkt neben dem Gemüse. Beachten Sie, dass einige Obstsorten wie zum Beispiel Äpfel und Birnen besonders viel von dem Reifegas Ethylen an ihre Umgebung abgeben, sie lassen Obst und Gemüse, das in der direkten Nachbarschaft liegt, besonders schnell altern.

Auf der Glasplatte über dem unteren Fach lagert man Fleisch, Fisch und Aufschnitt. Die Kühlschrankmitte ist genau richtig für Milchprodukte wie Käse, Milch, Sahne, Joghurt, fertige Salate oder Speisenreste.

Ganz oben lagern Getränke, eingelegte Gemüse wie Gewürzgurken und Oliven und die Aufbewahrungsfächer unten in der Kühlschranktür nutzt man für Milch und (bereits geöffnete) Getränke. Grillsaucen und Senf lagern idealerweise in der Mitte der Kühlschranktür und oben lagert man am besten Konfitüre und Butter.

Mindesthaltbarkeitsdatum oder Verbrauchsdatum – was ist was?

Das **Mindesthaltbarkeitsdatum (MHD)** sagt aus, wie lange die Produkte mindestens haltbar sind, wenn sie korrekt gelagert wurden, ohne dass sie ihre Eigenschaften wie Farbe und Konsistenz verändern. Bis zum Ablauf des genannten Datums, so die Hersteller, bleibt die ursprüngliche Qualität der Produkte erhalten. Dennoch ist das MHD nicht das Datum, ab dem die Lebensmittel nicht mehr verzehrt werden **dürfen**, sondern das Datum, nachdem sich bestimmte Eigenschaften verändern können, etwa die Farbe oder der Wassergehalt.

Vertrauen Sie unabhängig vom MHD Ihrem Urteilsvermögen und schauen Sie sich die Lebensmittel vor Verzehr oder Verarbeitung genau an: Ist alles in Ordnung oder sieht man Schimmelbefall, haben Gemüse und Obst Faulstellen, sind die Konserven unbeschädigt, sind Farbe, Konsistenz oder Geruch wie erwartet? Nur die Lebensmittel, die Sie für gut befinden, sollten Sie weiterverarbeiten und essen.

Das **Verbrauchsdatum** ist das Datum, mit dem besonders empfindliche Lebensmittel wie zum Beispiel abgepackte Salate, Hackfleisch, Geflügel oder Fisch ausgezeichnet werden. Bis zu diesem Datum müssen die Lebensmittel tatsächlich verbraucht werden. Ist das Verbrauchsdatum abgelaufen, gefährdet man mit dem Verzehr der Lebensmittel die eigene Gesundheit und die der Familie. Produkte mit einem Verbrauchsdatum sollten immer schnell verbraucht werden. Und wenn Sie das Fleisch oder den Fisch doch nicht essen wollen? Frieren Sie das Lebensmittel möglichst schnell ein oder kochen Sie das Gericht vor und essen es am nächsten Tag.

Ganz praktisch bedeutet das, dass der Jogurt oder Quark mit abgelaufenem MHD direkt nach dem Öffnen der Verpackung und vor dem Gebrauch begutachtet wird. Nur wenn das Produkt die Sicht- und Geruchsprüfung übersteht, wird es gegessen.

Der frische Fisch, den man gekauft hat und dann doch nicht zubereiten mag oder kann, sollte nicht länger lagern, als das Verbrauchsdatum angibt. Lieber direkt portionsweise einfrieren.

→ TIPP

Schütteln oder mischen Sie Joghurt (und andere flüssige oder halbflüssige Lebensmittel) vor dem Ansehen nicht durch. Sollte sich Schimmel gebildet haben, so sitzt dieser meist oben auf und würde durch das Schütteln in dem Produkt verschwinden.

Richtig lagern im Vorratsschrank

Die Lagerung der meisten Lebensmittel sollte „kühl, dunkel, luftig und trocken" erfolgen. Das gilt für Konserven ebenso wie für süße Brotaufstriche, eingelegtes Gemüse und Trockenvorräte wie Reis und Mehl sowie Gewürze. Dementsprechend ist die Lagerung in einem kühlen dunklen Keller, in einem Vorratsraum oder in Vorratsschränken wün-

schenswert. So die Theorie. In der Praxis sieht es so aus, dass nur noch die wenigsten Häuser kühle und dunkle Keller haben. Der Vorratsraum ist in vielen Wohnungen so klein und gleichzeitig auch so voll, dass es dort nur eine begrenzte Lagerungsmöglichkeit für Lebensmittel gibt. So bleiben oft nur ein Vorratsschrank oder einzelne Schubfächer in der Küche für die Aufbewahrung. Je weniger Platz zur Verfügung steht, desto wichtiger ist die Planung des Vorrats. Wie viele Nudelpakete benötigt man wirklich? Welche Gewürze sollten als Ersatz vorgehalten werden? Welche Konserven benötigt man immer wieder und welche sollte man nur bei Bedarf einkaufen?

Alle Aufbewahrungsorte, der Keller ebenso wie der Vorratsschrank haben gemeinsam, dass sie regelmäßig gesäubert werden müssen. Umherfliegender Mehlstaub oder Getreideflocken auf dem Regalboden ziehen Ungeziefer an. Als Reinigungsmittel ist auch hier das Essigwasser → Seite 70 hervorragend geeignet.

Tipps zur Vorratshaltung

→ Trockenvorräte wie Mehl, Zucker, Reis und Nudeln in festverschlossene (transparente) Dosen oder Gläser umfüllen, das Produkt und (zumindest bei den Vollkornprodukten) das Mindesthaltbarkeitsdatum auf die Dose schreiben.

→ Kartoffeln lagert man am besten in einer Dunkelbox bei 4–8 °C.

→ Obst und Gemüse auspacken und nicht in den Folienverpackungen lagern.

→ Gemüse mit hohem Wasseranteil wie Tomate, Gurke, Zwiebel und Knoblauch, Zucchini und auch Äpfel oder Birnen lagern am Besten in einem dunklen und kühlen Raum mit 15 °C.

→ Möhren sind länger haltbar, wenn die oft mit Schmutz behafteten Grünansätze abgeschnitten werden.

- Bananen gehören grundsätzlich nicht in den Kühlschrank, wenn die Stiele kurz abgeschnitten werden, reifen die Bananen langsamer nach.
- Brot sollte luftig im Tontopf oder Brotkasten aufbewahrt werden. Grundsätzlich gilt immer, bevor frisches Brot in den Brotkasten wandert: die alten Brotkrümel entfernen und den Behälter mit Essigwasser ausputzen. Hat man beides nicht zur Hand, ist die Papiertüte vom Bäcker eine gute Alternative. Das Papier nimmt Feuchtigkeit auf, die das Brot abgibt und schützt das Brot vor dem Austrocknen. In Plastiktüten bleibt Brot nur eine kurze Zeit frisch und schimmelt schneller.
- Die Haltbarkeit von Weißbrot liegt etwa bei 2–3 Tagen. Vollkornbrot ist dagegen gut 7 Tage haltbar. Bei Brotscheiben verkürzt sich die Haltbarkeit deutlich, daher Brot lieber portionsweise einfrieren und bei Bedarf wieder auftauen.
- Zitrusfrüchte lagern gerne im Obstkorb bei Zimmertemperatur, aber nicht in der prallen Sonne auf der Fensterbank.
- Ist Honig und Schokocreme erst einmal geöffnet, so bleiben diese besser im Vorratsschrank, damit die Streichfähigkeit und das Aroma erhalten bleiben.
- Gewürze behalten ihre Eigenschaften, wenn sie trocken, kühl und luftdicht verschlossen aufbewahrt bleiben. Je länger sie offen stehen, desto mehr Aroma geht verloren. Großpackungen sind nur bei Gewürzen sinnvoll, die auch in großer Menge verbraucht werden. Gewürze, die Sie in Gewürztütchen einkaufen, sollten Sie in fest verschließbare Gläser umfüllen, damit sie ihr Aroma behalten.
- Öl sollte kühl und dunkel aufbewahrt werden. Steht es warm und hell, wird es schneller ranzig und von den enthaltenen wertvollen Vitaminen bleibt im Verlauf der Zeit nichts mehr übrig.

→ TIPP

Stellen Sie Essig- und Ölflaschen nicht direkt auf den Schrankboden, sondern immer in ein kleines Körbchen. So verschmutzen die heruntergelaufenen Fettspuren nicht den Schrank.

Richtig lagern im Tiefkühlschrank

Wer einen Tiefkühlschrank zur Aufbewahrung nutzt, kann sich noch einmal ganz anders bevorraten. Tiefkühlgemüse und gefrorenes Obst (ohne weitere Zusätze) können helfen, gerade in Zeiten, in denen die Obst- und Gemüsepreise steigen, Kosten zu sparen. Die Tiefkühlprodukte sind immer schon geputzt und vorbereitet, damit fällt kein Abfall mehr an.

Viele Speisen, die man selber zubereitet, lassen sich gut einfrieren und bei Bedarf wieder auftauen. Das funktioniert mit Kuchen und Gebäck (beides lässt sich auch ungebacken einfrieren), mit Aufläufen (inklusive Lasagne oder Cannelloni, von denen möglicherweise gleich mehrere Auflaufformen gefüllt werden können), aber auch mit Tomaten- oder Hackfleischsoße, die sich auf viele Arten weiterverarbeiten lässt (Rezepte → Seite 161, 165). Auch Reste von Reis oder Nudeln können gut eingefroren werden. Nutzen Sie hierfür Mehrweg-Clip-Tüten oder Aufbewahrungsdosen.

→ ACHTUNG

Gefrorene Beerenfrüchte können keimbelastet sein und müssen vor dem Verzehr auf 90 °C erhitzt werden. Geben Sie daher die gefrorenen Früchte nicht einfach kalt in den Shake oder auf den Joghurt, sondern erhitzen Sie diese vor der Weiterverwendung. Das gilt auch für die Beerenfrüchte, die Sie frisch kaufen oder selber sammeln und eingefroren haben.

Alle eingefrorenen Lebensmittel sollten unbedingt beschriftet und in der erforderlichen Familienportion eingefroren werden. Wenn Sie die Soßen, aber auch Reis oder Nudeln in einen Gefrierbeutel geben, diesen schließen und dann glatt streichen, dann können Sie die Lebensmittel quasi als Platten einfrieren. So nehmen sie nur wenig Platz ein und tauen auch schnell wieder auf. Während Auflaufformen aus Glas gut geeignet sind, um zum Beispiel eine vorbereitete Lasagne bis zum Backen einzufrieren, sind flüssige Produkte in Glasflaschen (wie Milch) nicht zum Einfrieren geeignet. Die Flüssigkeiten dehnen sich aus und die Flaschen können platzen oder von Aufbewahrungsdosen heben sich die Deckel, wenn sie zu voll sind.

Einfrieren hilft Zeit und Geld zu sparen, doch nicht alles eignet sich dafür gleichermaßen gut. Auch die Dauer der Aufbewahrung ist für viele Lebensmittel begrenzt, da sich die Qualität und der Geschmack mit der Zeit reduzieren.

Tipps zur Lagerung im Tiefkühlschrank

- → **Brot und Brötchen,** auch die vom Bäcker, die nicht zum Frühstück aufgegessen werden, werden alle eingefroren, die Haltbarkeit liegt zwischen einem und drei Monaten. Vor dem Aufbacken lassen Sie die Brötchen auftauen, befeuchten sie noch einmal mit ein wenig Wasser und backen sie dann bei 70 °C in wenigen Minuten auf.
- → **Butter** lässt sich geschlossen verpackt (sie nimmt schnell andere Geschmäcker und Gerüche an), für etwa sechs bis acht Monate einfrieren. Wird nur wenig Butter gegessen, einfach nur ein halbes Paket Butter im Kühlschrank aufbewahren und die andere Hälfte direkt einfrieren.
- → **Gemüse und Obst,** geputzt und geschnitten, gut verschlossen, hält sich etwa sechs

bis zwölf Monate. Am besten so einfrieren, dass man die Gemüse- und Obststücke portionsweise entnehmen kann. So kann Gemüse und Obst vor dem Wegwerfen gerettet werden, dass nicht mehr roh gegessen werden möchte. Das Obst wandert dann bei Bedarf in den Kuchen oder wird Konfitüre, das Gemüse landet in Suppe, Soße oder Auflauf.

→ Obst zu **„Mus"** verarbeitet, also Apfelmus, Aprikosenpüree oder Pflaumenmus aus frischen Früchten, aber auch Reste aus der Konservendose lassen sich gut einfrieren und unter Quark oder Pudding ziehen, sie sind zudem als Zutat für den Käse- oder Rührkuchen geeignet.

→ **Käse** hat eingefroren eine Haltbarkeit von etwa zwei bis sechs Monaten, manche Käsesorten werden „krümelig", sind aber zum Überbacken oder als Zutat für eine Käsesoße oder in der Suppe immer noch gut geeignet. Grundsätzlich gilt aber: Je länger der Käse eingefroren ist, desto mehr Aroma geht verloren.

→ **Fleisch** ist, je nach Sorte und Fettgehalt, nur wenige Monate bis maximal ein Jahr haltbar und behält seine Eigenschaften am ehesten, wenn es vor dem Einfrieren vakuumiert wird. Gerade, wenn Fleisch in größeren Mengen direkt beim Erzeuger gekauft wird, sollten die Vorräte unbedingt unter Luftentzug verpackt und dann erst eingefroren werden. Gleiches gilt für selbst eingefrorenen Fisch, dessen Lagerungsdauer keine vier bis fünf Monate überschreiten sollte.

→ **Eier** aufgeschlagen (auch Eidotter und Eiweiß getrennt) in eine Aufbewahrungsdose geben und sechs bis acht Monate im Tiefkühlschrank aufbewahren. Für Kuchen und Aufläufe sind sie noch hervorragend geeignet.

→ **Kräuter** aus dem Garten oder Reste von Kräutertöpfen klein geschnitten oder gehackt in kleinen Aufbewahrungsdosen, Eiswürfelbehältern oder Cliptüten einfrieren.

→ **Fruchtsäfte** lassen sich gut einfrieren und später zu Fruchtsoße oder Desserts verarbeiten oder auch in Kombination mit Früchten zu Konfitüre. Hierzu den Saft in eine Gefrierdose oder eine Gefriertüte geben und nicht ganz füllen, da sich Flüssigkeiten durch das Einfrieren ausdehnen.

→ **Gegarte Speisen**, die bewusst vorgekocht wurden, oder die Reste einer Mahlzeit haben eine Haltbarkeit von etwa drei bis fünf Monaten. Besonders gut geeignet sind:

- Reis, Nudeln und auch andere Getreidearten, wobei die Nudeln eher bissfest eingefroren werden sollten.
- Soßen (möglicherweise müssen diese nachträglich noch einmal angedickt werden)

- Nudel- und Reisaufläufe
- Kartoffelklöße und Gnocchis, auch wenn sie schon gegart sind. Später dann im Wasserdampf auftauen und erhitzen
- „roher“ Kuchen/Kuchenteig, auch aus Hefe
- Waffelteig, aber auch gebackene Waffeln (die man ganz einfach im Toaster aufbacken kann)
- Gebackener Kuchen und Gebäck

Was sich nicht einfrieren lässt

Nur bedingt einfrieren lassen sich gekochte Kartoffeln. Diese werden nach dem Auftauen mehlig und sind nur noch für die Zubereitung von Kartoffelbrei oder als Zugabe für eine Cremesuppe geeignet. Auch Eintöpfe, in denen Kartoffeln verarbeitet wurden, schmecken nach dem Einfrieren nicht mehr gut. Besser frieren Sie die Kartoffeln und das Suppengemüse schon vorgeschnitten roh ein und verarbeiten es dann zum Beispiel zu einer „Feinen Linsensuppe“, Rezept→ Seite 129.

Ungeeignet ist auch roher Kuchenteig mit Eischnee (wie Biskuitteig), die Luftigkeit geht durch das Einfrieren verloren. Bereits gebackener Biskuitteig ist dagegen gefriergeeignet. Auch Brandteig für Windbeutel oder Kuchen lässt sich nur gebacken einfrieren. Er kann dann vor dem Füllen noch einmal kurz aufgebacken werden, damit er „frischer“ schmeckt.

Milchprodukte einzufrieren ist ebenfalls schwierig, Frischmilch kann man nach dem Einfrieren noch für Waffelteig verwenden, Buttermilch, Kefir und Joghurt werden körnig und lassen sich bestenfalls noch im Brotteig verarbeiten. Auch Quark, Schmand und Creme fraiche werden grieselig, sind aber noch zum Backen, für Käsekuchen oder Quarkbrötchen geeignet. Die Herstellung von „Dip“ oder Quarkspeise ist jedoch nicht mehr möglich. Grundsätzlich sollten Milch und Milchprodukte behutsam wieder auftauen, am besten im Kühlschrank. Nach dem Auftauen müssen sie gut durchmischt werden, damit sich die durch das Einfrieren abgesetzten Fett- und Eiweißbausteine wieder miteinander verbinden. Nach dem Auftauen sollten die Milchprodukte zeitnah verbraucht werden und keinesfalls noch einmal in den Tiefkühlschrank wandern.

Frische Tomaten lassen sich, wenn sie einmal eingefroren sind, nur noch zum Kochen verarbeiten, aber sie können später als Auflauf, Suppe oder Soße in zahlreichen Varianten zum Einsatz kommen.

Manche Lebensmittel wie Rettich, Radieschen und auch Knoblauch verlieren durch das Einfrieren an Schärfe und sind auch als Rohkost nicht mehr geeignet. Blattsalate und auch Salatgurken lassen sich nicht einfrieren.

In der Küche: Vorbereiten, Kochen, Aufräumen

Eine gewisse Grundausstattung ist in der Küche erforderlich, damit überhaupt gekocht werden kann. Aber nicht jeder braucht wirklich alles, überlegen Sie gut, welche Anschaffungen sinnvoll sind. Dinge, die nur ein- oder zweimal im Jahr benötigt werden, kann man sich besser ausleihen. In den meisten Haushalten sind die Schränke schon voll genug. Und große Vorratskammern oder Keller zur Aufbewahrung sind selten.

Küchengeräte und Küchenausstattung

Einige Geräte erleichtern die Küchenarbeit und helfen zeitsparend zu arbeiten. Aber der Markt für Küchenutensilien ist groß und nicht alles braucht man wirklich. Manche Geräte zum Schneiden oder Würfeln von Obst und Gemüse sind bei großen Mengen hilfreich, wenn nur kleine Lebensmittelmengen vorbereitet werden müssen, ist der Reinigungsaufwand zu hoch und zeitraubend. Je mehr Utensilien und Küchengeräte die Schränke füllen, desto übersichtlicher müssen diese eingeräumt werden.

CHECKLISTE

Utensilien für die Küche von A–Z

- ☐ Auflaufformen, gerne auch mehrere zum Einfrieren von Aufläufen, Lasagne und Co
- ☐ Dosenöffner
- ☐ Knoblauchpresse
- ☐ Kochtöpfe in verschiedenen Größen (auch kleine)
- ☐ Kuchenform
- ☐ Küchenwaage
- ☐ Küchenpinsel
- ☐ Messbecher
- ☐ Messer, kleine und große, sowie 1 Brot- und 1 Tomatenmesser mit gezackter Klinge
- ☐ Pfanne in Klein und Groß
- ☐ Pfannenwender
- ☐ Pürierstab für Cremesuppen, Soße und Konfitüre
- ☐ Reibe mit verschiedenen Reibeflächen
- ☐ Rührgerät
- ☐ Schneebesen in Klein und Groß
- ☐ Schneidebrett in Klein und Groß
- ☐ Schüsseln in Klein und Groß
- ☐ Sparschäler

Grundsätzlich sollten die Utensilien und Zutaten, die man häufig benötigt, zum Beispiel Gewürze, Messer und Schneidebrett oder Schüsseln und Kochlöffel, schnell erreichbar sein, vorne oder in Griffhöhe aufbewahrt werden. Seltener benötigte Dinge wie möglicherweise das Waffeleisen oder der Sandwichtoaster gehören im Schrank nach hinten, weit nach oben oder unten oder gar in den Keller.

Je voller die Schränke sind, je mehr man stapeln muss, um alles unterzubringen, desto länger dauert es auch, bis man die Dinge zur Hand hat, die man gerade benötigt. Dazu gehört auch, dass alle Kochutensilien immer an der gleichen Stelle aufbewahrt werden sollten, jedes Mal die Knoblauchpresse zu suchen, kostet einfach zu viel Zeit.

Küchengeräte, die nur selten benötigt werden, zum Beispiel der Schokobrunnen und das Raclette, lagern Sie daher am besten im Keller. Und in der Großfamilie könnte es jeweils nur einen einzigen Schokobrunnen geben, der bei Bedarf rumgereicht wird und auch das Raclette-Gerät kann geteilt werden. Nicht jeder Haushalt braucht wirklich alles. Wir finden, dass das Teilen der Geräte für die gelebte Nachhaltigkeit und das Sparen von Ressourcen wichtig ist.

In der Küche benötigen Sie Messer, die gut schneiden, eine ausreichende Anzahl von Töpfen und Schüsseln in verschiedenen Größen, eine Waage und einen Messbecher.

Achten Sie auch auf Ihre Umgebung und haben Sie die Beleuchtung der Küche im Blick: Genügend Licht erleichtert die Küchenarbeit, Gemüse lässt sich besser putzen, ein Rezept schneller lesen, wenn es nicht zu dunkel ist.

Das Rezept und die Zutaten

Wenn Sie die Zubereitung für das geplante Essen nicht im Kopf haben, sondern nach einem Rezept kochen wollen, dann lesen Sie bitte vorab einmal das ganze Rezept durch, um einen groben Überblick über die Zubereitung und den Zeitplan zu haben.

Überlegen Sie, ob mit dem Rezept die komplette Mahlzeit abgedeckt ist oder ob es zum Beispiel noch eine Beilage benötigt und berücksichtigen Sie dies in Ihrer Zeitplanung. Sonst ist später Ihr Gemüsegericht oder Ihr Hähnchentopf fertig und Sie müssen noch darauf warten, dass der Reis gar ist.

Fangen Sie nur an zu kochen, wenn Ihr Zeitfenster es zulässt. Halbfertig schmeckt es nicht, und wenn die Kinder nörgelig werden oder zu spät ins Bett kommen, ist der Stressfaktor hoch. Dann greifen Sie lieber auf eine unserer schnellen Kochideen zurück und bereiten das aufwendigere oder zeitintensivere Gericht lieber am nächsten Tag zu.

Beachten Sie bereits vor der Zubereitung die nebenstehenden Hygieneregeln für die Vorbereitung zum Kochen und die Hygieneregeln für den Umgang mit Lebensmitteln → Seite 83.

 INFO

Hygieneregeln für die Vorbereitung zum Kochen

Sie starten mit den Vorbereitungen für die nächste Mahlzeit? Und auch die Kinder helfen mit? Dann müssen alle zuerst die Hände waschen. Zum Kochen sollten Sie Uhren und Ringe ablegen und wenn Sie vor dem Kochen im Garten gearbeitet haben, sollten Sie Ihr Garten-Outfit durch saubere Kleidung ersetzen.
Selbst kleine Verletzungen an den Händen müssen mit wasserundurchlässigen Pflastern abgedeckt werden.

Alle Küchenutensilien, die in Kontakt mit rohen Produkten gelangen, wie Fleisch, Geflügel, Fisch und Meerestiere, aber auch Gemüse, sollten Sie immer wieder mit heißem Wasser und Reinigungsmittel säubern.
Gibt es ein Fleischgericht, dann nehmen Sie das Fleisch am besten mit einer Gabel aus der Verpackung und verarbeiten Sie es dann direkt weiter. Das Abwaschen des Fleisches unter fließendem Wasser ist überflüssig und vergrößert durch das Spritzwasser nur das Risiko für die Verbreitung von Keimen.

Die Speisen, die roh verzehrt werden, wie Salat und Früchte, immer getrennt von den Lebensmitteln zubereiten, die noch gegart werden. Benutzen Sie dafür getrennte Schneidebretter und Messer. Praktisch ist es auch, wenn man farblich unterschiedliche Küchenbretter für Fleisch und Gemüse besitzt. So vermeiden Sie Kontaktübertragungen von rohen Zutaten auf fertige Speisen oder Salate und andere Lebensmittel, die nicht erhitzt gegessen werden.

Das Verpackungsmaterial von Fleisch und Fisch direkt richtig entsorgen und nicht in Kontakt mit frischem Obst und Gemüse bringen.
Bereits zubereitete Speisen von rohen Fleisch- und Fischprodukten fernhalten.

Die Kochutensilien, die Sie bei der Zubereitung von rohem Fleisch oder Fisch benutzt haben und mit denen Sie Gemüse geputzt und vorbereitet haben, benutzen Sie besser nicht zum Servieren der Speisen. Mit der Gabel, die Sie zum Wenden des Schnitzels in der Pfanne genommen haben, sollten Sie später nicht essen.
Dies gilt auch beim Grillen: Benutzen Sie nicht die gleiche Grillzange für rohes und gegartes Fleisch.
Die Schneidebretter sollten eine glatte Oberfläche haben und mit heißem Wasser zu reinigen sein. Nutzen Sie Schneidebretter aus Holz oder Kunststoff, können sich in den Rillen, die durch das Schneiden entstehen, Bakterien aufhalten.
Sie müssen husten oder niesen? Dann bitte in die Armbeuge und nicht auf die Lebensmittel. Und wenn Sie reflexartig in die Hand niesen mussten, erst die Hände waschen und dann weiter kochen.

Nach dem Gebrauch immer wieder die Küchengeräte säubern und auch die Abfälle „ordentlich" sammeln und entsorgen.

Wenn Sie das Rezept gelesen haben, dann stellen Sie sich Ihre Zutaten bereit.

Wiegen Sie vorab schon ab, was Sie zügig benötigen, für Flüssigkeiten können Sie den Messbecher benutzen.

Nehmen Sie eine Waage, um die Mengen abzuwiegen, damit die Menge an Zutaten ein harmonisches Gericht ergibt. Wenn die Suppe zu wässrig gerät, weil das Verhältnis von Flüssigkeit zu festen Zutaten nicht passt, muss man später sehr trickreich sein, um eine sättigende Suppe daraus zu machen. Zudem sollten durch die richtige Menge Reste vermieden werden, die oft nur in der Mülltonne landen.

Die Zutaten wie Gemüse, Obst und auch Kartoffeln müssen in der entsprechend erforderlichen Menge gewaschen, geputzt und auch geschält werden. Ich bereite gerne schon das Gemüse komplett vor, bevor ich die ersten Zutaten in den Topf gebe und schneide die verschieden Sorten in Scheiben, Streifen oder Stücke, wie es später benötigt wird. Der unterschiedlichen Garzeiten wegen sammele ich die einzelnen Gemüsestücke- oder Streifen in Schälchen oder auf Tellern. Die sind später schnell wieder sauber und ich kann dann die Zutaten nach und nach in den Topf oder die Pfanne geben.

WICHTIG

Sie planen eine Speise, die üblicherweise mit rohen Eiern zubereitet wird, wie das klassische Tiramisu oder die selbst hergestellte Mayonnaise? Gerade wenn Kinder oder auch hochbetagte Menschen mitessen oder wenn im Rahmen einer Feier die ausreichende Kühlung nicht gewährleistet ist, sollten Sie auf Speisen mit rohen Eiern verzichten und Alternativen finden.

So lässt sich die Mascarpone für das Tiramisu sehr gut unter gekochten Vanillepudding rühren, anstelle von Eischnee, den man unter den Pudding zieht, nehmen sie lieber Aquafaba und für Salate sollten Sie eine fertige Mayonnaise verwenden, die Sie nach Ihrem Geschmack verfeinern können.

Das Kochen

Sie haben sich für ein Gericht entschieden und die Zutaten bereits eingekauft, vorbereitet und bereitgestellt? Beachten Sie in jedem Fall, bevor Sie anfangen, die besonderen Hygieneregeln für den Umgang mit Lebensmitteln (siehe Kasten → Seite 83)

Fleisch oder Fisch wird erst kurz vor dem Gebrauch aus der Kühlung geholt und dem Rezept entsprechend vorbereitet. Auch Milchprodukte oder Pflanzendrinks sollten bis zum Gebrauch in der Kühlung bleiben.

Dann beginnt jetzt das Kochen: Nach und nach geben Sie die vorbereiteten Lebensmit-

 INFO

Hygieneregeln für den Umgang mit Lebensmitteln

Gerade zu kühlende Lebensmittel sollten erst kurz vor der Zubereitung aus dem Kühlschrank genommen und zügig verarbeitet werden.

Fleisch garen

Wenn Sie Geflügel oder andere Fleisch- und Fischgerichte verarbeiten, achten Sie darauf, dass diese beim Garen eine Kerntemperatur von mindestens 70 °C für mindestens zwei Minuten erreichen, Brat- oder Backthermometer zeigen dies zuverlässig an.

Lassen Sie das fertige Essen nicht lange warmstehen. Das schnelle Abkühlen und/oder das Einfrieren verhindert Lebensmittelinfektionen.

Eingefrorenes schonend auftauen

Sie haben Essen vorgekocht und eingefroren oder möchten aus dem eingefrorenen Fleisch das Abendessen zubereiten? Dann lassen Sie die Produkte im Kühlschrank auf Tellern oder in Schüsseln auftauen, damit sich das Auftauwasser von tierischen Produkten nicht auf der Arbeitsplatte oder im Kühlschrank verteilt und damit Kontaktübertragungen verursacht. Auch andere Lebensmittel und Speisen, die tiefgekühlt waren, sollten am besten im Kühlschrank auftauen. Werden einzelne Portionen oder auch Speisereste von vorherigen Mahlzeiten wieder erhitzt, müssen sie im Kern der Lebensmittel mehr als 65 °C erreichen.

Aufwärmen in der Mikrowelle

Beim Aufwärmen von Speisen in der Mikrowelle achten Sie darauf, dass das Essen gleichmäßig heiß ist, durchgängig Temperaturen von 70 bis 100 °C sind hier notwendig. Ein vollständiges und gleichmäßiges Erhitzen tötet die meisten krank machenden Keime ab. Unterschiedliche Beschaffenheiten werden unterschiedlich schnell heiß und möglicherweise kocht das Essen am Tellerrand, während es in der Mitte noch kalt ist. Ein bloßes Umrühren würde die Wärme verteilen, aber vermutlich nicht genügen, um die Mikroorganismen zu zerstören.

Mehr Infos:
www.verbraucherzentrale.de/Node/8338

tel nach Rezeptanweisung in den Kochtopf oder die Pfanne.

→TIPP

Sollten Sie zur Zubereitung Fett erhitzen müssen, um darin Zwiebeln oder Gemüse zu dünsten, dann lassen Sie es nicht in Topf oder Pfanne alleine hoch erhitzen. Haben Sie einen Blick darauf, denn wenn das Fett zu heiß wird und qualmt, ist es für uns ungesund.

Arbeiten Sie Schritt für Schritt das Rezept ab und haben Sie dabei auch die Kochzeiten im Blick, damit das Essen nicht zerkocht. Stellen Sie sich, wenn nötig, auch eine Zeitschaltuhr, damit Sie nicht die Zeit vergessen, weil Sie sich gerade nebenher noch um Ihre Kinder kümmern oder andere Dinge erledigen.

→TIPP

Wenn Sie eine größere Menge heißes Wasser benötigen – zum Beispiel zum Kochen von Reis oder Nudeln, dann erhitzen Sie es im Wasserkocher. So kocht es deutlich schneller als im Topf und spart so Zeit und Energie.

Achten Sie beim Kochen darauf, dass der Topf auch auf die Herdplatte passt: Ist der Topf deutlich größer als die Herdplatte, dauert es länger, bis das Essen fertig ist. Ist der Topf deutlich kleiner als die Herdplatte, geht Energie verloren und es besteht zudem noch eine höhere Verletzungsgefahr, sofern es kein Induktionskochfeld ist.

Vergessen Sie am Ende nicht, alles noch einmal abzuschmecken und zu würzen.

Nutzen Sie die Koch- und Wartezeiten, um direkt wieder wegzuräumen oder zu spülen, was Sie nicht mehr benötigen, was weg ist, ist weg und steht nicht mehr im Weg. Oder bereiten Sie schon einmal das Gemüse für den nächsten Tag vor.

Wenn das Essen fast fertig gegart ist, dann lassen Sie sich beim Tischdecken helfen. Und versuchen Sie, möglichst viele Mahlzeiten wirklich gemeinsam zu genießen. Nichts ist schöner, als zusammen zu essen und sich miteinander zu unterhalten.

Und die Kinder: Müssen Sie immer wieder hingehen und schauen, ob im Kinderzimmer alles in Ordnung ist oder ist in der Küche Platz für eine kleine Spielekiste oder ein besonderes Malbuch mit schönen Stiften und die Kinder sitzen in Ihrer Nähe? Auch hier gilt es individuelle Lösungen zu finden, die es Ihnen leichter machen und das Zubereiten der Mahlzeit ermöglichen.

Und nicht vergessen: Gekocht wird für eine gemeinsame Mahlzeit und nicht für jeden etwas anderes. Dafür gibt es ja den Speiseplan, der gemeinsam aufgestellt wird.

→ **TIPP**

Sollten Sie die Rezepte an Ihre Bedürfnisse anpassen und Mengen verändern wollen, um den Kuchen zuckerärmer zu backen oder etwas mehr Soße zu haben, dann notieren Sie sich das direkt in Ihrem Rezept. Dann müssen Sie beim wiederholten Kochen nicht mehr darüber nachdenken und haben es gleich für Ihre Familie passend.

Die Reste sind das Beste

Was bei einer Mahlzeit übrig bleibt, können Sie direkt wieder hygienisch einwandfrei verpacken und aufbewahren. Vielleicht gibt es morgen ein „Resteessen" oder alles Übrige wird nach dem Abkühlen direkt eingefroren.

Ist beispielsweise noch Rohkost übrig, die man nicht mehr am nächsten Tag essen mag: Direkt würfeln und einfrieren. Übrig gebliebene Speisen sollten Sie nicht einfach in der Küche stehen lassen. Das führt nur dazu, dass man vieles zwischen den Mahl-

Resteverwendung

REST	VERWENDUNG
Frühstücksei	Als Brotbelag, in Salate oder als Salatdressing
Aufschnitt	Gewürfelt in Auflauf oder Bauernomelett
Rohkost	Gewürfelt in Gemüsesuppen, Soßen oder in Aufläufe
Gemüse	Im Auflauf, als Cremesuppe, Gemüse-Kartoffelbrei, Gemüsepuffer
Reis oder Nudeln	Einfrieren und als Beilage im Wasserdampf erhitzen bzw. weiterverarbeiten zu Salat, Auflauf, Füllung von Gemüse
Kartoffeln	Salat, Bratkartoffeln, Auflauf oder einfrieren und zu Kartoffelbrei verarbeiten
Käse	Würfeln zum Überbacken oder für Salat
Brot	Knoblauchbrot, Arme Ritter, Croutons
Obst	Würfeln, einfrieren für Mixmilch oder in Kuchen, als Mus einfrieren, später als Füllung von Gebäck nehmen, Kompott zubereiten
Müslimischung	In Rührteig die Hälfte des Mehls durch das Trockenmüsli ersetzen oder es rösten und über Joghurt/Quarkspeise geben, Füllung für Bratäpfel
Räucherlachs	Zu Nudelsoße verarbeiten
Fleisch, durchgegart	Gewürfelt in Salat, Gemüsepfanne oder Auflauf, als Gemüsefüllung oder als Brotbelag
(Grill-)fleisch, Würstchen, durchgegart	In Zwiebelsoße gut durcherhitzen und mit Kartoffel und Salat essen, mit passierten Tomaten und Gewürzen als Currywurst zubereiten

zeiten isst oder dass die Lebensmittel verderben und man sie dann doch entsorgen muss.

Überlegen Sie direkt, wozu Sie die Reste nutzen können. In unserer Küche tauchen zum Beispiel erst gar keine Fleisch- oder Fischreste auf. Denn Fleisch oder Fisch kaufen wir nur gezielt in kleiner Menge ein, eine Portion für jeden. Hackfleischsoße ist bei uns eine Speise, die immer vorgekocht wird, Rezept → Seite 165. Lediglich beim Grillen mit Freunden haben wir schon einmal Reste, die wir entweder einfrieren oder am nächsten Tag mit der Zwiebelsoße, Rezept → Seite 164, erhitzen und essen. Sind nur Würstchen übrig, werden diese in Scheiben geschnitten,

 INFO

Hygieneregeln für die Küchenreinigung

Die Küche mit ihren Arbeitsflächen, die Spüle und das Kochgeschirr müssen nach jedem Gebrauch gesäubert werden. Zur Reinigung der Arbeitsflächen genügen heißes Wasser und Reinigungsmittel, Letzteres sollte aber auch wieder abgespült werden.
Spül- und Wischlappen und Geschirrtücher sollten mindestens einmal in der Woche gewechselt, bei 60 Grad gewaschen (ohne Weichspüler) und an der Luft getrocknet werden. Bürsten aus Kunststoff können Sie problemlos in der Spülmaschine reinigen.
Die Abfallbehälter sollten trocken und sauber gehalten werden. Praktisch sind Mülleimer mit Fußbedienung, damit die Hände nicht schmutzig werden. Achten Sie schon beim Einkauf darauf, dass so wenig Abfall wie nötig entsteht.
Trennen Sie Papier, Glas und andere Verpackungsmaterialien ordentlich und entsorgen Sie diese entsprechend der regionalen Vorgaben.

von beiden Seiten angebraten, dazu werden passierte Tomaten gegeben und das Ganze mit Gewürzen zu einer hauseigenen Currywurst verarbeitet. Dazu gibt es dann meistens Nudeln.

Nach dem Essen ist vor dem Essen

Grundsätzlich ist jedes Essen schneller fertig, wenn man nicht vor dem Kochen erst noch die Küche aufräumen und die Töpfe spülen muss. Also: lieber zeitnah nach dem Essen gemeinsam mit den Familienmitgliedern den Esstisch abräumen und die Küche wieder gemeinsam in einen aufgeräumten Urzustand versetzen:

- Verwendete Lebensmittelpackungen sicher verschließen und Gewürze an ihren Platz zurückstellen.
- Leere Packungen in den Müll werfen.
- Gemüseabfälle in den Kompost oder Biomüll geben.
- Die Kochutensilien werden entweder direkt abgewaschen oder in die Spülmaschine gestellt.
- Zuletzt, wenn alles weggeräumt ist, die Arbeitsflächen und den Herd reinigen und alles trocken wischen.

Dann können Sie ganz entspannt in einer aufgeräumten Küche die nächste Mahlzeit vorbereiten.

Essen mit allen Sinnen: die Mahlzeiten

Unsere fünf Sinne entscheiden, ob uns ein Essen schmeckt oder nicht schmeckt. Riechen, Schmecken, Sehen, Fühlen und Hören. Alle Sinne zusammen machen aus, was wir beim Essen erleben. Umso schöner, wenn wir das mit unserer Familie teilen können.

Wir essen gemeinsam

Mindestens eine gemeinsame Mahlzeit am Tag sollten Sie in Ihrer Familie zum Ritual machen, denn das Familienleben findet auch am Esstisch statt – oder muss man sogar sagen, dass das Familienleben überwiegend am Esstisch stattfindet? Die Zeit, die man als Familie miteinander verbringt, ist eine sinnvolle Zeit. Und nicht nur das. Die Mahlzeiten sind die Gelegenheiten, die unsere „Sinne" voll und ganz beanspruchen, wenn wir uns die Zeit nehmen und uns darauf einlassen. „Das Auge isst mit", mit den Sinnen sehen, riechen, schmecken wir, wir hören das Knacken der Möhre und können neue unterschiedliche Lebensmittel und Speisen ausprobieren.

Hier beim gemeinsamen Essen ist eben gerade nicht die Gelegenheit, um Zeit zu sparen, sondern es ist die Gelegenheit, um gemeinsame Lebenszeit zu gewinnen, zusammen zu sein und sich mit allen Familienmitgliedern auszutauschen.

Jede gemeinsame Mahlzeit, die nicht in Hektik eingenommen werden soll, braucht ein ausreichendes Zeitfenster. Und wenn man sich beim Essen mit den älteren Kindern oder den Jugendlichen unterhält, manchmal auch noch länger. Aber die Beziehung, die man damit schafft, ist es wert.

Damit die gemeinsamen Mahlzeiten gelingen, sind einige Dinge zu beachten, wenn alle zusammen das Essen und die Gesellschaft genießen wollen. Jede Familie, jede Lebenssituation ist natürlich anders: die Anzahl der Familienmitglieder, das Alter der Kinder, der Platz zum Kochen und Essen, alles ist variabel. Aber ohne eine einheitliche Linie, die jede Familie für sich selber aufstellt, sind harmonische Mahlzeiten nur schwer umzusetzen. Hier folgen einige Vorschläge:

DIE ZAHL

Planen Sie

20 bis 30 Minuten

Zeit pro gemeinsame Mahlzeit:

Alle können in Ruhe essen, bis sie satt sind, und haben genug Zeit, um sich auszutauschen.

Vor dem Essen

→ Alle haben die Hände gewaschen, bevor sie sich an den Tisch setzen. Das bedeutet nicht, dass man nicht am Wochenende im Schlafanzug frühstücken darf, das ist gemütlich. Aber der Sand vom Spielen draußen oder der Bohrmaschinenstaub vom Regal anbringen sollen nicht auf den Tisch und in das Essen rieseln.

→ Gegessen wird am Esstisch, jeder hat seinen eigenen Platz oder die Sitzplätze werden nach einem bestimmten System gewechselt. Nicht jede Mahlzeit soll mit einem Streit darüber beginnen, wer wo sitzt, das ist auf Dauer anstrengend.

→ Um sich beim Essen wohlzufühlen, ist eine positive Atmosphäre notwendig, dazu gehört ein gedeckter Tisch, auf dem sich nur noch die Speisen und das Geschirr für die Mahlzeit befinden: Laptop, Handy, Zeitung, Schulbücher oder was auch immer dort abgelegt war, wird vor der Mahlzeit weggeräumt. Servietten, ein Blümchen als Tischdekoration, Aufschnitt und Käse nicht im Papier, sondern auf einem Teller oder in einer Aufschnitt- oder Käsebox, gehören zu den Kleinigkeiten, die eine Mahlzeit schöner machen.

→ Streitgespräche sollten, wenn möglich auf nach dem Essen verschoben werden oder bereits vor dem Essen geklärt sein. Ein Streit unter hungrigen Menschen eskaliert schnell. Wenn alle satt und zufrieden sind, ist eine Lösungssuche viel eher möglich. Und wenn bei nahezu jeder Mahlzeit gestritten wird, werden die Mahlzeiten nur noch mit negativen Gefühlen verknüpft und all die positiven Effekte für die Familie gehen verloren.

Legen Sie einige grundlegende Regeln fest, die Ihnen persönlich wichtig sind. Wir zeigen Ihnen eine Auswahl, entscheiden Sie jedoch ganz frei und auf Ihre individuelle Familiensituation zugeschnitten.

Während des Essens

- Starten Sie gemeinsam mit dem Essen, also erst wenn alle den Teller gefüllt haben, wird gegessen. Und erst, wenn die erste (kleine) Portion von allen geschafft ist, gibt es Nachschlag für alle, die noch eine zweite Portion mögen. Das ist nicht immer umsetzbar, manche Kinder essen so langsam, da bräuchte es Stunden. Aber so können auch schnell essende Erwachsene mit der zweiten Portion warten, bis die Kinder fertig sind.
- Wer am Esstisch sitzt, der bleibt auch dort, bis das Essen beendet ist. Wenn immer wieder jemand aufsteht, wird die Mahlzeit zu unruhig. Es steht nur vom Esstisch auf, wer zur Toilette muss, derjenige, der Getränke holt oder die Person, die noch Lebensmittel bringt. Aufstehen vom Esstisch während der gemeinsamen Mahlzeit braucht einen Grund.
- Erst, wenn alle (oder zumindest alle Kinder) fertig sind mit dem Essen, wird die Mahlzeit beendet.
- Zwischen den Mahlzeiten geht es in den Familien meistens turbulent zu – Aufgaben werden erledigt, Termine reihen sich aneinander und so bleibt die Mahlzeit, neben vielleicht einigen ruhigen Minuten am Abend, der Ort im Familienleben, der den Raum für Gespräche gibt. Und bei den Gesprächen gilt: Wenn einer erzählt, hören die anderen zu, hierfür ist die gemeinsame Mahlzeit auch ein guter Lernort.
- Hören Sie auf zu essen, wenn Sie satt sind und gestatten Sie das auch den Kindern. Der Teller muss nicht leer gegessen werden. Und Kinder müssen erst lernen, wie viel es braucht, um satt zu werden.
- Jeder probiert alles, natürlich ohne Zwang, ein Teelöffel genügt, um festzustellen, ob ein Gericht schmeckt – und wenn es nicht schmeckt, muss man es nicht essen. Brot oder Müsli sind immer da, wenn die eigentliche Mahlzeit nicht ausgereicht hat.
- Unfeines Benehmen, wie Rülpsen oder mit dreckigen Fingern das Essen verteilen, ist nicht erlaubt. Und auch das Essen als eklig zu bezeichnen oder Ekel vor dem Essen auszudrücken, ist ein „No-Go". Lebensmittel sind unser Lebenselixier und haben einen hohen Stellenwert.
- Ordentliche Tischmanieren halten den Reinigungsaufwand hinterher geringer, wobei natürlich klar ist, dass Kleinkin-

der immer das Essen im Gesicht, auf dem Tisch und mit den Händen auch am Kinderstuhl verteilen. Von der Kleidung ganz zu schweigen. Auch wenn Tischdecken eine gemütliche Atmosphäre verbreiten, vielleicht sind stattdessen abwaschbare Platzdeckchen oder das abwaschbare Tischtuch doch die bessere Alternative.

- → Das Tuch zum Wegwischen umgekippter Getränke sollte griffbereit liegen, je schneller man wischt, desto weniger landet auf dem Boden.
- → Bei der gemeinsamen Mahlzeit läuft kein Fernseher, die Handys sind aus und es wird nicht nebenher gelesen. Das Essen und die Essenszeit lassen sich nur genießen, wenn man sich auch wirklich auf das Essen konzentriert.

Nach dem Essen

- → Nach der gemeinsamen Mahlzeit gilt natürlich auch für alle gemeinsam: Es wird aufgeräumt. „Viele Hände machen schnell ein Ende" so heißt es und gerade beim Abräumen des Tisches merkt man das auch.
- → Keinesfalls sollen nach dem Essen alle Familienmitglieder aufstehen und nur einer übernimmt die Aufgabe, alles wieder in Ordnung zu bringen, während die anderen schon wieder Gelegenheit haben zu chillen oder ihre Aufgaben zu erledigen. Aufräumen ist die Aufgabe aller. So sollte es selbstverständlich sein, dass jeder hilft das Geschirr und auch die übrigen Lebensmittel wegzubringen, aufzuräumen und/oder den Tisch abzuwischen. Das ist ein Ausdruck der Wertschätzung für die Person, die die Aufgabe des Kochens übernommen hat und stärkt das „Wir-Gefühl".

Und bitte, liebe Eltern: Lassen Sie die Kinder helfen, auch wenn das Abräumen alleine vielleicht schneller geht. Kinder müssen lernen, dass bestimmte Aufgaben gemeinsam zu erledigen sind und das von klein auf.

Kreativ beim Essen

Unter den Coronabedingungen im Lockdown war es eine besondere Herausforderung neben Homeschooling und Homeoffice, neben Kontakteinschränkungen und dem fehlenden Ausgleich durch Hobby- oder Sportprogramm, die Mahlzeiten zu gestalten. Was soll man sich schon erzählen, wenn man die gesamten Tage gemeinsam verbringt? Wie soll man den Essensplatz frei von Arbeit halten, wenn kein Arbeitszimmer zur Verfügung steht? Und wie ohne Streitgespräche essen, wenn alle genervt und gestresst sind und nur aufeinander hocken?

In solch schwierigen Phasen ist Kreativität gefragt: Für die Schul- und Arbeitssachen benötigt jeder ein eigenes Körbchen, am besten stapelbar, damit die Arbeits-

Trubelige Großfamilie mit gesunder Familienküche

UTA KÖPCKE, PRÄSIDENTIN DES VERBANDS DER DIÄTASSISTENTEN (VDD)

„Essverhalten wird ganz entscheidend durch die Umgebung geprägt, das zeigt mir meine Erfahrung als Diätassistentin und wird durch die Wissenschaft bestätigt. Bei so manchen Eltern führt das Thema Ernährung in Bezug auf ihre Kinder zu einem enormen Gefühl der Verantwortung. Bloß alles richtig machen, um den Kindern die bestmöglichen Gesundheitschancen mit auf den Weg geben zu können! Doch was genau ist richtig? Die Flut an Informationen vom Supermarkt bis hin zu sozialen Medien, von Elternratgebern bis zu ärztlichen Tipps ist gigantisch und höchst widersprüchlich.

Haben sich die Eltern dann endlich zu soliden Quellen durchgekämpft, bleibt immer noch die Frage, wie sich das theoretische Wissen in den turbulenten Familienalltag übertragen lässt. Bedürfnisse der Familienangehörigen von Kleinkind bis Teenager, von berufstätigen Eltern, vielleicht einem schmalen Geldbeutel und wenig Vorkenntnisse in Sachen Zubereitung, Planung und Einkauf machen das Thema Familienversorgung ziemlich nervenaufreibend. Beim Essen und Trinken in der Familie geht es nicht nur um die Versorgung mit den wichtigen Nährstoffen, sondern es ist vor allem auch eine gemeinsame Aufgabe, ein Teil des Familienlebens.

Von Anfang an waren meine Kinder zwar an der Vor- und Zubereitung beteiligt, haben beim Kochen zugeschaut, kosten dürfen und auch mitgemacht. Schon als Kleinkinder durfte sich unser Nachwuchs zwischen verschiedenen Zutaten zum Beispiel für Wraps entscheiden, Gemüse und Obst schnipseln, bunte Spieße erstellen, wurden beim Abschmecken gefragt und konnten erste Gerichte wie Obstsalate selbst zubereiten. Doch auch in unserer Familie musste es spätestens ab dem zweiten Kind planvoller zugehen. Schlafrhythmen, Ausflüge und Termine sorgten sonst für überraschend leere Mägen, unleidige Kinder und genervte Eltern.

Deswegen haben wir sonntags gemeinsam überlegt, was wir in der kommenden Woche essen wollen, was es an Gerichten to go braucht und welche Termine anstehen. Das war eine ziemlich laute Aktion und man musste dazu gut ausgeschlafen sein. Aber es hat sich gelohnt: Unsere vier Kinder haben zunehmend gelernt vorzuplanen, durften Wünsche äußern und mussten sich auch mal gedulden, bis ihr Lieblingsessen an der Reihe war. Diese Essensplanung gibt mir in einer quirligen Arbeitswoche eine Routine, die auf wiederkehrende Termine wie den Stundenplan und die Trainingszeiten Rücksicht nimmt und mir viel Stress erspart.

utensilien schnell ein- und wieder auszuräumen sind. Ein bemalter und beklebter Schuhkarton erfüllt den gleichen Zweck. Hilfreich sind „Post-its" zum Markieren der gerade wichtigen Seiten in Büchern und Heften, damit sie schnell zugeklappt werden können.

Beleben Sie die Tischgespräche durch Gesprächsideen zu nicht alltäglichen Themen wie „Planetary food", zu kulturellen Themen oder zu „Weißt du noch"-Geschichten. Schreiben Sie Ihre Ideen zu den unterschiedlichen Themen auf Kärtchen und ziehen Sie „das Thema das Abends" für die Unterhaltung oder die Diskussion.

Sprechen alle Familienmitglieder eine gemeinsame Fremdsprache, wie wäre es, wenn an einem Tag in der Woche das Tischgespräch in Englisch, Französisch oder Spanisch geführt wird (gerne auch mit Handy und Übersetzungsprogramm).

Das Prinzip der Achtsamkeit

Der Familienalltag ist oft geprägt von einem strengen Zeitplan, von Stress, Hektik, noch unerledigten Aufgaben. Das führt bisweilen dazu, dass man sich keine Zeit zum Essen nimmt, obwohl doch eigentlich bekannt ist, wie wichtig das ist. Für die Seele, für die Familie, für die Gesundheit und auch für die Umwelt.

„Mach langsam, wenn du es eilig hast"

In Hektik verursachen wir manchmal ein Chaos, das deutlich mehr Zeit erfordert. Das beginnt schon beim Einkauf, bei dem wir in Hektik die wichtigste Zutat vergessen und infolgedessen ein zweites Mal zum Supermarkt müssen. Oder bei der Zubereitung der Mahlzeit, wo wir uns in aller Eile am Messer verletzen und sich dadurch schmerzhaft die Vorbereitungszeit verlängert.

Sehen Sie bewusst die Familienmahlzeit als „Pausenzeit" an, als Auszeit. Schieben Sie die anstehenden Aufgaben für 20 bis 30 Minuten nach hinten und stellen Sie sich und die einzelnen Familienmitglieder voran.

Und ja, auch die Mahlzeiten können mit kleinen Kindern sehr anstrengend sein – da wird gematscht, Gläser kippen oder Jugendliche sind grantig und lassen den Frust über die Geschehnisse in der Schule an den Eltern und Geschwistern aus. Aber zumindest gibt es einen Rahmen, in dem all das möglich ist. Es ist der Rahmen, in dem die Ess- und Kommunikationsbedürfnisse beachtet und erfüllt

Ein Kind erzählt, dass im Kinderhort immer der Tisch zuerst den Nachtisch holen darf, der am schnellsten das Mittagessen aufgegessen hat.

Sicher ist das Esstempo der Kinder sehr unterschiedlich, aber das Essen runterschlingen, damit der leckerste Joghurt oder das beste Puddingschälchen ausgewählt werden kann, ist sicher nicht der beste Weg, um Kindern den Wert des Essens und der Mahlzeit zu vermitteln. Besser sind feste Zeitfenster – und wer schneller fertig ist, kann sich ja gerne weiter am Tischgespräch beteiligen.

werden können. Man sagt bewusst „Ja" zum Essen, zu der gemeinsamen Mahlzeit und erfreut sich hoffentlich meistens an ihr.

Das Prinzip der Achtsamkeit kommt ursprünglich aus dem Buddhismus. Achtsam sein bedeutet, ganz in der Gegenwart und bei sich selbst zu sein, sich seine Gefühle, Gedanken und Handlungen bewusst zu machen.

Wir haben das Glück, in einer Region auf der Welt zu leben, wo Achtsamkeit möglich, und auch nötig ist. In Regionen, in denen der Hunger groß, aber das Angebot knapp ist, dort wo Familien hungern und nicht genug Wasser zur Verfügung steht, da muss gegessen werden, was vorhanden ist. Lebensmittel stehen nicht überall im Übermaß zur Verfügung und werden auch nicht einfach entsorgt, weil man doch keine Lust drauf hat oder weil die in der Sonne geschmolzene Schokolade nicht mehr schön aussieht. Mit Hunger im Bauch wirft man nicht weg, was satt machen könnte.

Das ist hier bei uns anders. Wir leben in einer Welt des Überflusses. Das Brötchen von gestern gilt als „alt", manch einer kauft da lieber ein frisches, anstatt sich über die Resteverwertung Gedanken zu machen. Dabei kann man so viele Lebensmittel, die nicht mehr ganz frisch sind, weiterverarbeiten und so der Lebensmittelverschwendung entgegentreten.

Für eine zukunftsfähige Welt sollten Kinder lernen, dass Lebensmittel ein kostbares Gut sind. Sollten wissen, dass das Getreide für das Brötchen Monate benötigt, bis es gewachsen, geerntet, gemahlen und gebacken werden kann – und dass man unverdorbene Lebensmittel nicht einfach in die Mülltonne wirft. Und auch hier können die Eltern die Vorbilder für die Kinder sein. Eltern, die achtsam mit der Umwelt, mit den Lebensmitteln und auch achtsam mit den Menschen umgehen, geben die Kunst, achtsam zu leben, automatisch an ihre Kinder weiter.

So schnell ist das Essen fertig!

Die Wertschätzung für Mahlzeiten aus der eigenen Küche ist in den letzten Jahren gestiegen. Sie würden ja gerne, aber Sie haben keine Zeit? Sie haben wirklich keine Zeit? Dann ist es umso wichtiger, dass das Kochen im Vorfeld gut geplant wird.

Wenn die entsprechenden Zutaten schon im Haus sind, lassen sich schnelle Gerichte zügig auf den Tisch bringen. Vorkochen für Tage, an denen für das Kochen keine Zeit bleibt, ist dabei eine gute Lösung. Es gibt auch Fertig-Lebensmittel, die mit einigen Ergänzungen zu einer gesunden Mahlzeit werden. Nutzen Sie alle drei Möglichkeiten neben unseren ebenfalls nicht aufwendigen Rezepten, so kann es Ihnen gut gelingen, eine gesunde Familienküche relativ entspannt umzusetzen.

Mit den hier folgenden Kochideen können Sie (fast) ohne Vorbereitungszeit komplette Gerichte auf den Tisch zaubern. Bei der Einkaufsplanung müssen diese natürlich vorab berücksichtigt werden, damit Sie eventuelle frische Zutaten und die nötigen Bestände im Vorrat schon zu Hause haben.

Hier sind einige Rezepte, die nur Zutaten benötigen, die man (fast alle) schon zu Hause hat:

Nudeln mit Pesto → Seite 162 oder
Nudeln mit Knoblauchöl und Salat
Nudeln mit Tomatensoße → Seite 161
Couscous in heißer Gemüsebrühe ausquellen lassen, dazu passt Gemüse mit heller Soße oder Zwiebelsoße oder auch Salat
Bauernomelette (400 g gekochte Kartoffeln, 2 Zwiebeln, 300 g Möhrenscheiben in einer Pfanne leicht bräunen, 2 Eier und 400 ml Milch, etwas Salz und Pfeffer verquirlen, darüber gießen und stocken lassen)
Überbackener Gemüsetoast (Vollkorntoast mit Gemüse wie Tomate, Zwiebel, Mais, Paprika belegen, würzen und mit wenig Käse überbacken)
Superschneller Nudelsalat → Seite 142

Paprikareis mit Spiegelei (je Person ½ Zwiebel, Knoblauch und 1 Paprikaschote fein würfeln, in etwas Öl bräunen, 1 TL Tomatenmark und 150 ml Wasser sowie 50 g Reis zugeben und kochen oder nur 50 ml Wasser und bereits gekochten Reis zugeben und garziehen lassen. Dazu das Spiegelei braten.

Pfannkuchen mit Apfelmark

Gemischter Salat mit Knoblauchbaguette
→ Seite 177

Mit Zutaten aus dem Kühlregal

Gefüllte Nudeln aus dem Kühlregal, mit halben Cocktailtomaten, Mais aus der Dose oder Champignons mischen, Helle Soße oder Tomatensoße darüber gießen → Seite 161, mit geriebenem Käse bestreuen und backen.

Flammkuchen-Fertigteig aus dem Kühlregal (für ein Blech): 1 Becher Schmand mit 100 g Quark und 50–75 ml Milch, Salz und Pfeffer glattrühren, auf den Teig geben, Lauchzwiebelringe und gewürfelten Schinken darüberstreuen und nach Anweisung backen, alternativ kann man den Teig mit geräuchertem Lachs und Zwiebeln oder einer Gemüsemischung belegen.

Pizzateig aus dem Kühlregal (für ein Blech): 500 g Tomatenstücke (frisch oder Konserve) mit 1 EL Öl, Salz, Pfeffer und italienischen Kräutern verrühren, auf den Teig geben, den Teig nach Wunsch belegen und nach Anweisung backen.

Einmal kochen – für mehrere Mahlzeiten

Food prep oder Meal Prep ist ein neuer Name für eine altbekannte Sache: das Vorkochen. Schon seit jeher gilt: Der Eintopf schmeckt am zweiten Tag besser. Und die übrig gebliebenen Kartoffeln oder Nudeln lassen sich auf unzählige Arten weiterverarbeiten. Bedeutet also: Wer einmal bewusst mehr kocht, kann wenigstens ein zweites Mal davon essen.

Wer mehrere Mahlzeiten aus einem Lebensmittel zubereiten möchte, um Zeit zu sparen, der muss das gezielt planen.

Bei der Meal-Prep-Bewegung dreht es sich um die Vorbereitung gesunder Essens-Bausteine, die an mehreren Tagen unterschiedlich genutzt werden können, oder um die Zubereitung ganzer Mahlzeiten, die dann nur noch aufgewärmt werden müssen. So ist der Zeitaufwand an einem Tag in der Küche etwas größer, dafür geht es an den anderen Tagen umso schneller.

Vorkochen gelingt natürlich nur, wenn für die geplanten Speisen auch schon alle Lebensmittel im Haus sind. Eine gute Speisen- und Einkaufsplanung ist für das Meal Prepping unbedingt erforderlich. Dann kommt es auch zu einem doppelten Zeit- und Geldspareffekt: Jeder Kleineinkauf kostet Zeit und Geld. Großgebinde von saisonalen Lebensmitteln sind meist günstiger.

So funktioniert Meal prepping

Vorkochen auf die moderne Art heißt konkret: Sie kochen einen großen Topf Nudeln, teilen diesen in drei Teile und die Nudeln sind die Bausteine für die Mahlzeiten der nächsten drei Tage. Sie essen dann die Nudeln zum Beispiel einmal mit Linsenbolognese, bereiten nebenher einen Auflauf zu, den Sie am nächsten Tag nur noch in den Ofen schieben müssen und am dritten Tag gibt es einen Nudelsalat, für den Sie auch schon direkt das Dressing vorbereiten. Wenn Sie den Nudelauflauf einfrieren, können Sie ihn in der nächsten Woche einplanen. In der Tomatensaison wird aus den Tomaten Brotbelag oder Bruschetta, Tomatensalat zu Polentaschnitten und Tomatensuppe und/oder Tomatensoße.

Gleich für die gesamte Woche vorzukochen bedarf einer guten Planung und kostet dann auch wirklich einige Stunden Zeit. Für die gesamten Mahlzeiten einer Woche muss man sicher drei bis fünf Stunden Vorbereitungszeit einplanen, je nachdem, was es geben soll und wie routiniert man in der Zubereitung der Speisen ist. An den folgenden Tagen geht dann alles ganz schnell.

Im Alltag könnte das so aussehen, dass man zum Beispiel Samstag früh die Gerichte überlegt, den Einkauf plant und die Lebensmittel besorgt, Sonntag alles vorkocht und dann müssen im Verlauf der Woche die einzelnen Gerichte nur noch aufgewärmt und/oder aufgetaut werden. Lediglich die frischen Beilagen wie Salat oder Rohkost oder auch das Obst für den Joghurt werden noch im Wochenverlauf hinzugekauft.

→TIPP

Aber Vorsicht: Wer Lebensmittel für mehrere Tage vorbereitet, muss darauf achten, dass alle Lebensmittel von wirklich guter Qualität sind und neben der Zubereitung auch die Aufbewahrung hygienisch einwandfrei ist.

Was länger als zwei bis drei Tage halten soll, wird am besten eingefroren. Was gekocht wurde, muss zeitnah in kleine Behälter umgefüllt werden und möglichst schnell wieder abkühlen. Das bedeutet natürlich, dass im Kühl- und Gefrierschrank auch genügend Platz sein sollte, um die vorbereiteten Lebensmittel und Speisen zu lagern.

Meal Prepping ist gerade ein großes Thema, aber das Vorkochen für die komplette Woche ist gerade für Familien schwierig. Wenn die Kinder größer sind, lassen sich die Wochentage nicht komplett durchplanen. Mal gehen die Kinder zu Freunden oder es kommt Besuch. Zusätzliche Freizeittermine wie eine Einladung zum Geburtstag verändern den geplanten Ablauf. Immer wieder müssen die Mahlzeiten an den Alltag angepasst werden. Das erfordert oft ein großes Maß an Spontanität, das bei der Vorbereitung

Ideen für „Einmal kochen für zwei Mahlzeiten"

GRUNDZUTAT	TAG 1	TAG 2
Nudeln	mit Linsenbolognese	Bunte Spaghettipfanne oder Nudelsalat
Polenta	Italienische Polenta	Polentaecken mit Ratatouille
Couscous	Als Beilage mit Tomaten- oder Zwiebelsoße und Salat	Couscoussalat
Pellkartoffeln	Mit Quarkdip	Kartoffelsalat oder Auflauf
Nudeln, Kartoffeln	Als Beilage	Salat oder Auflauf, Kartoffeln auch als Suppe oder Bratkartoffeln
Getreide, Reis	Im Auflauf	Beilage, Salat, Bratlinge
Cannelloni oder Lasagne	2- oder 3-fache Menge	Einmal für sofort, die anderen ungebacken einfrieren
Hackfleischsoße	4-fache Menge	Als Grundlage für unterschiedliche Speisen → Seite 165
Gemüse	als Beilage	Gemüsecremesuppe, Auflauf

der Mahlzeit für die komplette Woche kaum mehr gegeben ist. War die Portion zu groß bemessen, fallen Reste an, die man weiterverarbeiten sollte – der komplett vorgekochte Speiseplan der Woche lässt auch hierfür keinen Spielraum. Der (Ess-)alltag einer mehrköpfigen Familie ist sehr viel variabler und schwieriger im Voraus zu planen, als der Essalltag in einem Ein-Personen-Haushalt.

So kann es für Familien umsetzbarer sein, wenn man nicht a la Meal Prep die Woche plant, sondern um Zeit und auch Geld zu sparen, einzelne Komponenten in der doppelten Menge kocht und dann jeweils nur für zwei Mahlzeiten verwendet. Die Menge für die zweite Mahlzeit sollte immer schon direkt nach dem Kochen separiert werden. Aus großen Töpfen wird mehr gegessen, als eigentlich nötig, um satt zu werden – und dann reicht es womöglich nicht mehr für ein zweites Mal.

„Einmal kochen für zwei Mahlzeiten" ist vom Aufwand bei der Planung und der Zubereitung nicht so umfangreich wie die Vorbereitung von Mahlzeiten für eine ganze Woche.

Fertiggerichte clever ergänzen

Schaut man sich kritisch im Supermarkt um, dann gehört ein Großteil der Produkte in die Kategorie „Fertig-Lebensmittel", dem sogenannten Convenience Food.

Man findet diese Fertig-Lebensmittel eingeschweißt in Aluschalen, in der Dose, in Plastikbeuteln, tiefgefroren oder auch im Kühlregal. Sie alle haben gemeinsam, dass sie die Küchenarbeit erleichtern oder komplett ersetzen sollen.

Für Familien benötigt man natürlich größere Lebensmittelmengen und muss daher meistens mehrere Verpackungseinheiten besorgen. So braucht eine Familie gleich drei, vier oder noch mehr Tiefkühllasagnen. Ob von den Schlemmerfiletsorten wirklich, wie beschrieben, zwei bis drei Personen satt werden, ist fraglich. Damit entsteht durch die Fertiggerichte ein riesiger Müllberg.

Tiefkühlgerichte werden in der Regel nährstoffschonend hergestellt und haben bei −18 °C meist eine lange Haltbarkeit, ohne dass Konservierungsstoffe ergänzt werden müssen. Der Vitamingehalt ist bei den gemüsehaltigen Fertiggerichten meist hoch, verliert sich aber durch die Zubereitung, da die Hitze beim Kochen und Überbacken zu einem Vitaminverlust führt.

→TIPP

Kaufen Sie Tiefkühlgemüse möglichst ohne Zusätze, so reduzieren Sie die Fettmenge und den Salzgehalt. Oder mischen Sie „Rahm"-Gemüse mit Sorten ohne Zusätze.

Als **Chilled Food** werden die Fertiggerichte aus dem Kühlregal bezeichnet. Dabei ist der Name wohl Programm und auch die Zielgruppe klar. Junge Leute und Familien haben mehr Zeit zum Chillen und weniger Stress, wenn sie diese Produkte auswählen. Meistens sind diese Gerichte fix und fertig und müssen nur noch angewärmt werden. Sie sind oft vakuumverpackt und lange haltbar. Gerade, wenn sie nicht direkt verzehrt werden sollen, ist es wichtig, die Kühlkette nicht zu unterbrechen. Und Vorsicht: Wenn die Verpackung beschädigt ist, verderben die Lebensmittel schnell. Ein Blick auf die Zutatenliste zeigt hier, ob Zusatzstoffe enthalten sind, ein Blick auf die Nährwerttabelle, wie hoch der Salzgehalt ist.

Der Nutri-Score

Bei uns in Deutschland können Unternehmen seit dem Herbst 2020 den sogenannten Nutri-Score auf die Lebensmittelverpackung drucken, um den Kunden beim Einkaufen eine schnelle Orientierung zum Nährwert der Lebensmittel zu geben. Die Verbraucher können so schnell erkennen, welche Lebensmit-

tel im Vergleich zu anderen der gleichen Kategorie einen günstigeren Nährwert aufweisen und welche damit eher zu einer ausgewogenen Ernährung beitragen.

Dabei nutzt der Nutri-Score eine 5-stufige Farbskala von A bis E, die auf der Vorderseite der Produktverpackung zu finden ist. Für den Nutri-Score werden Punktwerte für den Energiegehalt und eher ungünstige Inhaltsstoffe wie Salz, gesättigte Fettsäuren, Zucker sowie für eher günstige Inhaltsstoffe wie Ballaststoffe, Proteine, Nüsse, Obst und Gemüse miteinander verrechnet.Das dunkelgrüne A steht für eine eher günstige, das rote E für eine weniger günstige Nährstoffzusammensetzung.

Die Produkte, die als **Fresh-Cut-Produkte** und **Food-to-Go** bezeichnet werden, sind frisch geschnittene und abgepackte Lebensmittelportionen, die für den sofortigen Verzehr gedacht sind. Hierunter fallen Obst- und Gemüsestücke, Sandwiches und Salate. Diese sollten direkt gegessen werden. Einmal geöffnet ist nur noch eine kurze Haltbarkeit gegeben. Ungekühlt oder zu lange gelagert kommt es zu einem ungewollten Keimanstieg.

Um die gesunden Fertiggerichte von den ungesunden zu trennen, muss man genauer hinschauen.

Wie Sie ja schon wissen: Die Menge und Häufigkeit entscheidet darüber, ob Lebensmittel gesund sind oder nicht. Die Dose Hühnersuppe, die man alle halbe Jahre isst, spielt gesundheitlich keine Rolle. Sind keine Kochkenntnisse vorhanden und Sie greifen täglich auf Fertiglebensmittel zurück, sollten Sie diese immer mit frischen Produkten ergänzen und Ihre Kochkünste erweitern.

Um die Fertiglebensmittel und Fertiggerichte danach zu beurteilen, ob sie in die gesunde Familienküche passen, hilft der Blick auf das Etikett.

Die eher ungünstigen Produkte enthalten neben vielen Zusatzstoffen auch viel Fett, Zucker und/oder Salz. Wussten Sie, dass die Zutat, die in der Zutatenliste eines Lebensmittels an erster Stelle steht, auch in der größten Menge enthalten ist? Und dass sich die Zutat mit der geringsten Menge am Ende der Liste befindet?

→TIPP

Zucker hat viele Namen – und Lebensmittelhersteller setzen ihren Produkten oft unterschiedliche Süßungsmittel zu. Dadurch ist der tatsächliche Zuckergehalt manchmal nur schwer zu erkennen. Zu Zuckern und zuckerreichen Zutaten gehören: Saccharose, Dextrose, Raffi-

Fertiggerichte aufpeppen

Buchstabensuppe aus der Tüte	1 Tasse gefrorene Erbsen oder Suppengemüse mitkochen
Dosensuppe	(Suppen-) Gemüse und 1 Kartoffel würfeln, einige Minuten kochen, darauf die Dosensuppe geben und erhitzen
Fertigmüsli/Schokomüsli	Mit Getreideflocken mischen
Milchdesserts wie Fruchtjoghurt	Mit Naturjoghurt oder Quark und frischen Früchten ergänzen
Pizza (Margarita) oder Lahmacun (TK)	Mit Gemüse wie Rucola, Zwiebeln, Champignons, Mais aus der Konserve o. ä. belegen
Rahmgemüse	Mit Gemüse ohne Zusätzen mischen
Soße zu Nudeln	Cocktailtomaten unter die heißen Nudeln mischen oder Gemüse wie Paprika- oder Zucchiniwürfel kurz vorkochen und dann mit der erwärmten Soße mischen.
Kartoffelpuffer	Ergänzen mit frischem Apfelmus oder Apfelmark aus dem Glas
Gemüsepfannen	Mit frischem oder auch TK-Gemüse ohne Zusätze ergänzen
Cremesuppen	Gemüsestreifen aus Zucchini oder Möhre, geviertelte Cocktailtomaten, frische Kräuter oder Kichererbsen, Erbsen, Mais o.ä. aus Glas oder als Konserve hinzugeben

nose, Glukose, Fruktosesirup oder Fruktose-Glukose-Sirup, Glukosesirup, Glukose-Fructose-Sirup oder Stärkesirup, Karamellsirup, Laktose, Maltose oder Malzextrakt/Gerstenmalzextrakt. Sind Fruchtkonzentrate, -pürees oder getrocknete Früchte wie Rosinen enthalten, erhöhen diese ebenfalls den Zuckergehalt. Daher lohnt sich immer auch ein Blick auf die Nährwerttabelle.

Achten Sie bei Fertiggerichten auf einen hohen Gemüseanteil oder versuchen Sie, die Gemüsemenge nachträglich zu erhöhen. Bei tiefgefrorenem Gemüse sind die Produkte vorzuziehen, in denen wirklich nur das Gemüse ohne weitere Zusätze eingefroren ist. Nutzen Sie auch immer das Gemüse, das Sie frisch eingekauft, aber doch nicht benötigt haben, um Ihr eigenes Tiefkühlgemüse vorzubereiten. Einfrieren ist besser als wegwerfen.

Wählen Sie sehr fettreiche Gerichte wie Lasagne oder Tortellini in Sahnesoße eher selten aus. Selbst zubereitete Lasagne ist gesünder und verursacht viel weniger Müll!

Ergänzen Sie ein Fertiggericht um einen Obstsalat, der ist schnell zubereitet und bringt eine große Portion Vitamine und Ballaststoffe. Zudem hält die Mahlzeit damit länger satt.

Kochen und essen zu Hause, in der Schule und unterwegs

Egal, ob es sich um eine kleine oder eine große Familie handelt oder ob mehrere Generationen gemeinsam kochen und essen, ob zu Hause oder unterwegs gegessen wird, Ihrer Experimentierfreude sind keine Grenzen gesetzt.

Mit den Kindern in die Küche

Gemeinsam mit Freunden kochen ist ein Event, Kochabende unter professioneller Leitung werden verschenkt. Dann muss das Kochen doch eine schöne Sache sein: Gemeinsam wird überlegt, was es geben soll und dann bringen alle zusammen das Essen auf den Tisch. Beim Kochen und beim Essen kann man sich unterhalten – über ernste Themen und auch über belanglose Geschichten, man kann den nächsten Urlaub planen oder vom vergangenen Urlaub schwärmen. Man kann neue Lebensmittel kennenlernen und auch fremde Kulturen – und all diese positiven Effekte kann man fast spielerisch an die nächste Generation weitergeben.

Schon kleine Kinder können die Zubereitung der Mahlzeiten begleiten, nebenher spielen und beobachten, wie vorbereitet und gekocht wird. Es gibt viele Aufgaben, bei denen die Kleinsten schon helfen können: Obst und Gemüse waschen oder abtrocknen, Lebensmittel umfüllen, die Salatsoße umrühren oder weiche Lebensmittel klein schneiden. Bei all dem mitmachen können Kinder auch schon mit zwei Jahren.

Kochen lernen für Groß und Klein

In der Küche lernen Kinder viel: Sie lernen, Verantwortung für bestimmte Aufgaben zu übernehmen. Und sie lernen, wie Mahlzeiten zubereitet werden. Früher wurde den Kindern in der Schule im Kochunterricht die Grundlagen über Küchenhygiene, Lagerung und das Kochen an sich beigebracht. Das ist heute nur noch selten der Fall.

Will man den Kindern die Grundlagen des Kochens vermitteln, muss man es selber können. Doch wie geht das, wenn man es nicht gelernt hat?

Es gibt viele Institutionen, in denen Kochkurse für verschiedene Zielgruppen angeboten werden. Neben der Volkshochschule und den Familienbildungsstätten gibt es viele regionale Kursangebote, in denen Sie die fehlenden Kenntnisse erwerben können. In Online-Videos lässt sich kurz nachsehen, wie welche Lebensmittel und Speisen vorbereitet und zubereitet werden. Mit ein bisschen Übung gelingen Ihnen damit sicher schnell erste einfache Mahlzeiten. Manchmal lässt sich auch im Umfeld Unterstützung finden: Vielleicht gibt es jemanden aus Nachbarschaft, im Freundeskreis oder aus der Verwandtschaft, den Sie um Hilfe bitten können? Das kann zum Beispiel ein gemeinsames Kochen und Essen einmal in der Woche oder einmal im Monat sein.

Die Kinder können nur kochen lernen, wenn sie in die Planung und bei der Zubereitung der Speisen eingebunden werden. Sicher dauert das Schneiden des Gemüses am Anfang etwas länger, wenn die Kinder mithelfen. Aber so ist das ja auch bei uns Erwachsenen: Wenn wir etwas lernen, brauchen wir Zeit und Übung und das Ergebnis ist nicht immer gleich perfekt.

Wenn es die Zeit hergibt, lassen Sie Ihre Kinder planen, einkaufen, kochen und natürlich auch gemeinsam mit der gesamten Familie aufräumen.

Überlassen Sie doch im Urlaub den Kindern für eine Mahlzeit die Küche, wenn es zeitlich in den Rahmen passt. Vielleicht auch noch mit einem Freund oder einer Freundin oder auch dem Elternteil, das nicht alltäglich die Zubereitung der Mahlzeiten übernimmt. In netter Gesellschaft macht Kochen mehr Spaß als alleine.

Lassen Sie die Kinder planen, vielleicht geben Sie Ihnen fürs Aussuchen von Rezepten ein Kinderkochbuch in die Hand. Größere Kinder finden sicher auch Rezepte und Kochideen im Internet.

Unterstützen Sie die (kleineren) Kinder bei der Planung, dem Einkauf (bei dem vielleicht auch Lebensmittel in den Einkaufswagen wandern, die nicht für die Mahlzeit notwendig sind) und dem Kochen, wenn es schwierig wird. Essen Sie das von den Kindern zubereitete Gericht gemeinsam, räumen Sie gemeinsam auf, loben Sie das besondere Essen und bedanken Sie sich für den Einsatz.

Die Kinder werden so merken, welchen Aufwand es bedeutet, jeden Tag die Mahlzeiten zuzubereiten, erkennen noch besser den „Wert“ des Essens und lernen nebenher, Mahlzeiten zu planen und zu kochen.

Auch unterwegs gut versorgt

Oft ist die Familie tagsüber unterwegs, in Kita oder Schule und auch am Arbeitsplatz. Alle benötigen dann mindestens ein Pausenfrühstück und eventuell noch eine Hauptmahlzeit zum Mitnehmen, um gut über den Tag zu kommen.

Das gesunde **Frühstück** bildet die Grundlage für einen guten Start in den Tag. Ohne Frühstück sollten weder die Eltern noch die Kinder das Haus verlassen. Zumindest ein kleines Milchprodukt oder ein Stück Obst, gerne aber auch ein Frühstück mit Vollkornbrot oder ein Müsli, liefern den notwendigen Nachschub an Energie.

Das **Pausenfrühstück** ergänzt das erste Frühstück. In die Brotdose gehören für Eltern wie Kinder frisches Gemüse und Obst. Dazu Vollkornbrot oder auch Vollkornknäcke, -Zwieback oder Cracker. Ergänzend auch mal Nüsse, getrocknetes Obst, ein Müsliriegel oder ein Haferflockenkeks. Möglich ist aber auch ein Müsli, ein Milchprodukt mit Früchten oder einfach ein Stück Obst.

Packen Sie unterschiedliche Bausteine auch in unterschiedliche Dosen: Wenn die Weintrauben nach Paprika schmecken oder das Käsebrot von den Tomaten-Achteln aufgeweicht ist, ist das Frühstück kein Genuss mehr.

Gut, wenn das **Mittagessen** der Kinder in der Schule oder der Kita den Anforderungen der Qualitätsstandards der deutschen Gesellschaft für Ernährung (DGE) entsprechen.Dann gehört zum Mittagessen in jedem Fall eine große Portion Gemüse (als Frischkost, Salat oder gekocht) und eine Sättigungsbeilage. Dazu gibt es einmal in der Woche Fisch und ein bis zwei Mal eine kleine Fleischportion.

Die **Zwischenmahlzeit am Nachmittag** überbrückt die Zeit bis zum Abendessen. Sie liefert noch einmal Energie für die Aufgaben, die noch anstehen – für die Schulaufgaben oder die Erledigungen im Haushalt. Sie bietet die Gelegenheit, bei einem Getränk und einem kleinen Snack noch einmal Kraft zu tanken für den Rest des Tages.

Wenn das Essen im Tagesverlauf nicht den Geschmack der Kinder getroffen hat, wenn Stress, Ärger oder das Spielen in der Schule das Kind so beschäftigt haben, dass einzelne Mahlzeiten ausgefallen sind, kommen die Kinder bisweilen wirklich ausgehungert nach Hause und benötigen unbedingt noch eine Zwischenmahlzeit.

Das gemeinsame **Abendessen** rundet den Tag ab. Nun gibt es eine kalte oder auch eine warme Familienmahlzeit. Je nach Zeitfenster wird frisch gekocht oder eine zuvor vorbereitete Mahlzeit zubereitet. Lassen die Laune und Zeit es zu, können die Kinder helfen, an anderen Tagen bereitet man das Abendessen alleine zu.

Wenn Sie es schaffen, können Sie das Abendessen auf den Speiseplan in Schule

STATEMENT

Der richtige Blick auf das Verpflegungsangebot in Kita und Schule!

SONJA FAHMY UND STEPHANIE KLEIN
DIPLOM-ÖKOTROPHOLOGINNEN, DGE E.V.

„Mit Eintritt in die Kita erweitert sich bei den Kleinsten nicht nur der Erlebnisspielraum. War anfangs primär die Familie für das Angebot auf und um den Teller verantwortlich, so übernehmen dies nun die Akteur*innen in Kindertagesstätten. Ausgewogen, lecker, gesundheitsfördernd und nachhaltig sollte das Verpflegungsangebot sein. Dieser Anspruch ändert sich auch nicht mit dem Schulbesuch.
Aufgrund der täglichen Betreuungs- und Aufenthaltszeiten in Kita und Schule sind dies Orte, in denen Kinder und Jugendliche eine gesundheitsfördernde und nachhaltige Ernährung erlernen und erleben können. Die Kita- und Schulverpflegung liefert einen Beitrag zu einer ausgewogenen Ernährung aller Kinder und Jugendlichen, unabhängig von ihrer Herkunft oder ihrem sozialen Status.
Für eine konstante Leistungsfähigkeit und konzentriertes Lernen empfehlen sich fünf Mahlzeiten: Frühstück, Mittagessen, Abendessen und zwei Zwischenmahlzeiten. Diese versorgen Kinder und Jugendliche über den Tag verteilt mit der nötigen Energie und den notwendigen Nährstoffen. Zudem erhält der Tagesablauf hierdurch eine feste Struktur, an der sich Kinder und Eltern gut orientieren können.
Alle Mahlzeiten sollten nach Möglichkeit aufeinander abgestimmt sein. Wird tagsüber z. B. wenig Frisches angeboten, wäre ein Salat am Abend oder Rohkost zum Knabbern ideal. Das ist teilweise ein schwieriges Unterfangen, da oftmals die Transparenz über das Speiseangebot in der Einrichtung fehlt. Informieren Sie sich über die Verpflegung in der Kita bzw. der Schule Ihres Kindes und bleiben Sie mit den Verantwortlichen im Austausch.
Informieren Sie sich, wie das Getränkeangebot in Kita und Schule aussieht. Sollte es z. B. kein entsprechendes Getränkeangebot geben, müssen die Kinder dies von zu Hause mitnehmen.

Damit für die Kinder und Jugendlichen in den Betreuungseinrichtungen ausgewogene und nachhaltige Verpflegung auf dem Plan steht, hat die Deutsche Gesellschaft für Ernährung e. V. (DGE) im Auftrag des Bundesministeriums für Ernährung und Landwirtschaft (BMEL) bereits vor

über zehn Jahren Qualitätsstandards für die Verpflegung in Kitas und Schulen entwickelt und regelmäßig aktualisiert.
Viele Eltern und Kinder sind sich nicht bewusst, dass sie die Möglichkeit haben, die Kita- und Schulverpflegung mit zu gestalten. Nutzen Sie diese Möglichkeit und tragen Sie Ihre Wünsche und Verbesserungsvorschläge auf Elternabenden oder bei Gesprächen mit der Kita- bzw. Schulleitung vor."
Mehr Informationen finden Sie unter **www.fitkid-aktion.de** und **www.schuleplusessen.de**

oder Kita abstimmen – gab es dort Fleisch, dann ist das Abendessen vegetarisch, gab es in der Schule Nudeln, gibt es zum Abendessen Kartoffeln. Aber sobald mehrere Kinder in unterschiedlichen Betreuungsangeboten sind, wird es unmöglich, darauf zu achten. Gute Planung und Vorbereitung kann dennoch helfen, dass die Zubereitung des Abendessens nicht zum zusätzlichen Stressfaktor wird.

Im Restaurant oder vom Lieferdienst

Wenn mal nicht selber gekocht wird und das Essen vom Lieferdienst kommt oder wenn zur Feier des Tages ein Besuch im Restaurant geplant ist, steht der Genuss im Vordergrund. Hier sollte dann nicht die Auswahl von der Ernährungspyramide geleitet werden, hier ist Spaß und Entspannung angesagt. Jeder kann und soll das auswählen, was sie oder er wirklich essen möchte.

Kommt der Lieferdienst regelmäßig oder gehören Restaurantbesuche nahezu zum Alltag, sollten Sie bei der Auswahl etwas genauer hinschauen und darauf achten, dass auch Gerichte bestellt werden, die mit Salat- und Gemüseanteil zubereitet sind. Oft lässt sich der Gemüseanteil durch eine Vorspeise erhöhen, häufig wird Antipasti oder Salat oder auch eine Gemüsesuppe angeboten. Viele Imbissstuben bieten nicht nur frittierte Speisen an, oft gibt es auch gegrillte Speisen. Und häufig lässt sich bei Lamacun und Döner der Salatanteil erhöhen. Soll es unbedingt ein Nachtisch sein, genügt vielleicht ein kleineres Hauptgericht.

Wenn Sie satt sind, essen Sie nicht weiter, lassen Sie sich den Rest einpacken und verwenden ihn (in der Zwischenzeit im Kühlschrank aufbewahrt) am nächsten Tag. Sicher genügt das noch für einen Pausensnack – oder Sie fügen ein paar passende Zutaten hinzu und machen eine Bowl daraus.

→FAZIT

Gesundes Essen für die ganze Familie ist kein Eintagesprojekt. Seien Sie nicht zu streng mit sich. Essen ist Genuss – und jede gesunde Mahlzeit ein Schritt in die richtige Richtung.

Rezepte

Gut zu wissen

→ Die Rezepte sind in der Regel für **4 Portionen** kalkuliert, also für 2 Erwachsene und 2 Kinder. Passen Sie die Mengen einfach an, indem Sie den Gemüseanteil erhöhen und etwas mehr Flüssigkeit verwenden.

→ Die **Energie- und Nährstoffangaben** zum Rezept wurden **pro Portion** berechnet. Die Nährwerte der Rezeptvariationen sind darin nicht berücksichtigt.

→ Die meisten Rezepte benötigen nicht mehr als eine halbe Stunde **Zubereitungszeit.**

→ **Gemüse und Obst** muss immer erst gewaschen und geputzt werden: Die angegebenen Mengen beziehen sich auf bereits vorbereitete Lebensmittel. Frisches Gemüse können Sie problemlos gegen Tiefkühlgemüse austauschen.

→ Für die **vegane Küche** kann statt Milch und Sahne Pflanzendrink und pflanzlicher Sahneersatz verwendet werden, Ideen, wie sich Eier beim Backen ersetzen lassen, finden Sie auf Seite 39.

→ Wir empfehlen grundsätzlich das Energie sparende **Backen oder Garen mit Umluft** ohne Vorheizen.

Die Rezepte in diesem Buch sind mit Symbolen gekennzeichnet:

- Lässt sich gut vorbereiten
- Hier ist kein Extra-Einkauf nötig, die Zutaten haben Sie im Vorrat.
- Lässt sich gut einfrieren
- Mix and Match: Hier gibt es jede Menge Variationsmöglichkeiten, die Zutaten lassen sich gut austauschen.

Infos über Nährwerte, Zutaten und Maßeinheiten

Die Maßeinheiten werden in den Zutatenlisten wie folgt abgekürzt:

TL	Teelöffel	l	Liter
EL	Esslöffel	Pck.	Päckchen
g	Gramm	Msp.	Messerspitze
kg	Kilogramm	Tr.	Tropfen
ml	Milliliter	St.	Stück

Gelegentlich sind die kleineren Mengen in Teelöffel- und Esslöffel-Einheiten angegeben. Das Volumen beträgt beim Teelöffel ungefähr 5 Milliliter, beim Esslöffel sind es 15 Milliliter. Löffelmaße werden in Gramm so berechnet:

	1 Teelöffel (TL) in g	1 Esslöffel (EL) in g
Backpulver	3	10
Butter oder Margarine	5	10
Essig	5	10
Honig	6	20
Joghurt	–	15
Kräuter	2	5
Mayonnaise	–	15
Mehl	5	10
Milch	–	15
Nüsse	5	10
Öl	4	12
Pulvergewürze (z.B. Curry)	4	10
Quark	10	25
Sahne, flüssig	–	10
Salz	5	15
Senf	5	15
Sojasoße	5	15
Tomatenmark	5	15
Zitronensaft	5	15
Zucker	5	15

Frühstück

Quarkbrötchen

Ergibt 8 Brötchen

250 g Magerquark
1 Ei
250 g Dinkelvollkornmehl
1 Pck. Backpulver
½ TL Jodsalz
2 EL Milch, 3,5 % Fett
25 g Kürbiskerne oder Sonnenblumenkerne

1. Den Quark und das Ei gut miteinander verrühren. Das Mehl, das Backpulver und das Salz mischen und unter die Quarkmasse kneten. Sollte der Teig zu fest sein, noch etwa 1 Esslöffel Wasser unter den Teig geben.
2. Aus dem Teig eine Rolle formen, diese in acht Stücke teilen und daraus mit den Händen die Brötchen formen.
3. Die Brötchen auf ein mit Backpapier ausgelegtes Backblech legen, mit der Milch bestreichen und mit den Kürbis- oder Sonnenblumenkernen bestreuen. Bei 180 °C Umluft etwa 25 Minuten backen.

→ **Variante**

75 g Mehl durch Getreideflocken oder eine Müslimischung (ohne Zucker) ersetzen.

Pro Brötchen:
Energie 165 kcal Fett 3 g Kohlenhydrate 24 g
Eiweiß 10 g Ballaststoffe 1 g

Rote-Linsen-Aufstrich

80 g rote Linsen
120 ml Gemüsebrühe
1 rote Zwiebel
1 Bund Schnittlauch
200 g körniger Frischkäse
Salz, Pfeffer, Paprika
2 EL Milch, 3,5 % Fett

1. Die Linsen in einem Sieb waschen und gut abtropfen lassen.
2. Die Linsen mit der Gemüsebrühe in einen Topf geben und 8 Minuten köcheln lassen. Sie sollen noch bissfest sein. Dann abkühlen lassen.
3. Die Zwiebel fein würfeln und den Schnittlauch in Röllchen schneiden.
4. Die Linsen mit Zwiebeln und Schnittlauch unter den Hüttenkäse mischen und mit den Gewürzen pikant abschmecken.
5. Sollte der Aufstrich zu fest sein, noch 1–2 Esslöffel Milch unterrühren.

→ **Tipp**

Der Aufstrich lässt sich auch mit anderen Frischkäsesorten und Kräutern zubereiten.

Energie 123 kcal Fett 3 g Kohlenhydrate 11 g
Eiweiß 11 g Ballaststoffe 4 g

Kichererbsencreme

300 g Kichererbsen, aus Glas oder Dose, abgetropft
20 g Tomatenmark
1–2 Knoblauchzehen
2 EL Olivenöl
1 EL Limetten- oder Zitronensaft
Salz, Pfeffer, Paprika, Kurkuma
Oregano, getrocknet

1. Die Kichererbsen mit etwas Wasser, Tomatenmark und Knoblauch in ein hohes Gefäß geben und mit dem Stabmixer pürieren.
2. Öl und Limettensaft zugeben und untermischen.
3. Mit den Gewürzen abschmecken.

Energie 149 kcal Fett 7 g Kohlenhydrate 14 g
Eiweiß 6 g Ballaststoffe 3 g

VORRATSREZEPT
Müsliriegel

Ergibt 30 Stück

150 g Haferflocken
100 g Dinkelvollkornmehl
100 g Nüsse oder Mandeln, gehackt, in Stiften oder als „Blätter"
1 Msp. gemahlene Vanille
60 g flüssige Butter oder Margarine
50 g Honig
60 ml Wasser
40 g Sesamkörner

1. Haferflocken, Dinkelvollkornmehl, Nüsse oder Mandeln und Vanille in einer großen Schüssel mischen.
2. Butter oder Margarine erhitzen, mit dem Honig und dem Wasser verrühren und über die Trockenmischung gießen.
3. Die Masse zu einem Teig kneten und auf einem mit Backpapier ausgelegten Backblech etwa einen halben Zentimeter dünn ausrollen.
4. Die Sesamkörner darüberstreuen und mit der Teigrolle fest andrücken. Den Teig mit einem Küchenmesser in 30 Riegel schneiden.
5. Bei 180 °C Umluft 15 bis 18 Minuten backen.

→ **Tipp**
In einer Dose aufbewahrt halten sich die Müsliriegel ca. 2 Wochen.

Pro Riegel:
Energie 79 kcal Fett 5 g Kohlenhydrate 7 g
Eiweiß 2 g Ballaststoffe 1 g

VORRATSREZEPT
Knuspermüsli

Ergibt 12 Portionen

100 g Honig (flüssig)
2 EL Wasser
2 TL Zimt
1 Msp. gemahlene Vanille
100 g Mandelblätter
400 g Hafer- oder Dinkelflocken

1. Den Honig mit Wasser, Zimt und Vanille vermischen.
2. Zuerst die Mandelblätter unterrühren, dann die Getreideflocken zugeben und die Masse gut durchmischen.
3. Zwei Backbleche mit Backpapier auslegen und jeweils ungefähr die Hälfte der Masse auf einem Blech verteilen.
4. Bei 160 °C Umluft 10 Minuten backen, die Masse sollte leicht gebräunt sein.
5. Auf dem Backblech abkühlen lassen und erkaltet in eine Dose geben, große Stücke dabei etwas zerkleinern.

Je nach Geschmack und Vorliebe können zarte oder grobe Getreideflocken verwendet werden.

Pro Portion:
Energie 201 kcal Fett 7 g Kohlenhydrate 27 g
Eiweiß 6 g Ballaststoffe 4 g

Guten-Morgen-Müsli

400 g Joghurt, 3,5 % Fett, oder pflanzliche Alternative
200 ml Milch, 3,5 % Fett, oder Haferdrink
1 EL Honig (bei Bedarf)
100 g Haferflocken
1 EL Sesam
2 kleine Äpfel
1 Banane

1. Den Joghurt mit der Milch oder dem Haferdrink glatt rühren und nach Bedarf einen Esslöffel Honig dazugeben.
2. Haferflocken und Sesam dazugeben und unterrühren.
3. Die Äpfel (mit Schale) grob reiben, die geschälte Banane in Scheiben schneiden und unterheben.

→ **Variante**

Für Overnight Oats das Müsli schon am Vorabend vorbereiten, das Obst dann morgens frisch reiben bzw. schneiden und dazugeben.

→ **Tipp**

Ersetzen Sie die Äpfel durch die gleiche Menge saisonaler Obstsorten wie Birne, Erdbeeren oder Orangen.

Energie 287 kcal Fett 9 g Kohlenhydrate 39 g
Eiweiß 10 g Ballaststoffe 5 g

Kokos-Porridge

500 ml Wasser
250 ml Milch, 3,5 % Fett, oder Haferdrink
150 g zarte Haferflocken
25 g Kokosflocken
1 Prise Jodsalz
1 Msp. gemahlene Vanille
Zucker (nach Bedarf)
1 Msp. Zimt

1. Wasser und Milch bzw. Haferdrink erhitzen.
2. Haferflocken, Kokosflocken, Jodsalz, Vanille und eventuell Zucker unterrühren und 2–3 Minuten leicht köcheln.
3. Ohne weitere Hitzezufuhr noch 2–3 Minuten ziehen lassen. Mit Zimt und etwas Zucker nach Bedarf abschmecken.

→ **Variante**

1. Zusätzlich noch etwas klein geschnittenes frisches Obst oder 50 g Trockenobst (gewürfelt) mit der Flüssigkeit in den Topf geben und wie beschrieben köcheln und ziehen lassen.
2. Anstelle von Zimt 1 Teelöffel Kakaopulver unterrühren.
3. Das fertige Porridge mit frischem Obst vermischen.

Energie 232 kcal Fett 9 g Kohlenhydrate 28 g
Eiweiß 8 g Ballaststoffe 5 g

Porridge to go

10 g getrocknete Apfelringe (oder anderes Trockenobst)
20 g zarte Haferflocken
20 g Schmelzflocken
1 Msp. Zimt oder gemahlene Vanille
150 ml kochendes Wasser
1 TL Agavendicksaft
2 EL Milch, 3,5 % Fett, oder Haferdrink (bei Bedarf)

1. Die Apfelringe in kleine Stücke schneiden. Mit den übrigen trockenen Zutaten in eine Müslischale geben und 150 ml kochendes Wasser darüber gießen.
2. Den Agavendicksaft zugeben und gut umrühren. 5 Minuten ziehen lassen, eventuell etwas Milch oder Haferdrink zugeben.

Tipp

Alternativ kann anstelle des Agavendicksafts auch mit Rübenkraut, Honig oder Zucker gesüßt werden.

Energie 216 kcal Fett 4 g Kohlenhydrate 37 g
Eiweiß 6 g Ballaststoffe 5 g

Gefülltes Fladenbrot

250 g Magerquark oder Hummus
½ Gurke
1–2 Knoblauchzehen (nach Belieben)
½ Bund glatte Petersilie
Jodsalz, Pfeffer, Paprikapulver
½ Gurke
100 g Feta
4 Tomaten
4 Mini-Fladenbrote (je Stück ca. 80 g)
8–10 Blätter vom Kopfsalat

1. Den Quark in eine Schüssel geben und glatt rühren.
2. Die halbe Gurke abwaschen und mit der Schale grob reiben. Den Knoblauch schälen und fein würfeln oder durch eine Knoblauchpresse drücken. Die Petersilie waschen und kleinschneiden.
3. Alles unter den Quark mischen und mit den Gewürzen kräftig abschmecken.
4. Die andere halbe Gurke und den Feta in Würfel schneiden, die Tomaten in Scheiben.
5. Die Mini-Fladenbrote im Toaster aufbacken und seitlich aufschneiden. Zunächst mit den Salatblättern auskleiden, diese dann mit dem Quark oder mit dem fertigen Hummus bestreichen und mit Gemüse und Feta füllen.

→ **Tipp**

Die Kichererbsencreme → Seite 115 lässt sich wie Hummus verwenden.

Energie 355 kcal Fett 8 g Kohlenhydrate 46 g
Eiweiß 21 g Ballaststoffe 5 g

Arme Ritter aus dem Ofen

2 Eier
350 ml Milch, 3,5% Fett, oder Haferdrink
1 EL Zucker
1 Msp. gemahlene Vanille
1 TL Zimt
1 EL Butter oder Margarine
8 Scheiben Vollkorntoast á 20 g

1. Die Eier mit Milch bzw. Haferdrink, Zucker, Vanille und Zimt kräftig aufschlagen.
2. Eine Auflaufform mit der Butter oder Margarine einfetten.
3. Das Toastbrot hineinlegen und die Eiermilch darüber gießen.
4. Bei 180 °C Umluft im Backofen 15–20 Minuten goldbraun backen.

→ **Tipp**

Dieses Rezept ist gut geeignet, um Brotreste zu verarbeiten. Hierzu übrig gebliebenes Brot in dünne Scheiben schneiden, in die Form geben und am Vorabend mit Eiermilch übergießen. Luftdicht verschließen und bis zum Backen im Kühlschrank lagern. Zum Frühstück am nächsten Morgen frisch backen.

Die Brotscheiben können auch gefroren verwendet werden.

Energie 228 kcal Fett 10 g Kohlenhydrate 24 g
Eiweiß 10 g Ballaststoffe 3 g

Hauptgerichte

Gemüsecremesuppe mit Topping

Kürbisvariante

500 g Hokkaidokürbis
500 g Kartoffeln
2 Zwiebeln
1 EL Rapsöl
600 ml Gemüsebrühe
Jodsalz, Pfeffer, Currypulver, Paprikapulver edelsüß
100 ml Milch, 3,5 % Fett, oder Pflanzendrink
100 ml Sahne oder pflanzlicher Sahneersatz

Dieses Rezept eignet sich für alle Arten von Gemüsecremesuppen. Anstelle von Kürbis können Sie auch Möhren, Brokkoli, Blumenkohl oder andere Gemüsesorten verwenden. Auch bei der Auswahl und Zubereitung der Toppings → Seite 126 sind Ihnen keine Grenzen gesetzt: Werden Sie kreativ!

1. Den Kürbis waschen (nicht schälen), zunächst grob auseinanderschneiden und die Kerne entfernen. Die Kartoffeln schälen. Kürbisfleisch, Kartoffeln und Zwiebeln würfeln.
2. Das Öl in einem Topf erhitzen, die Zwiebeln leicht darin anschwitzen.
3. Die Kartoffeln zugeben. Mit Gemüsebrühe aufgießen und mit Salz und Pfeffer würzen.
4. Die Kürbiswürfel ebenfalls in die Brühe geben.
5. Alles zusammen etwa 15 Minuten köcheln lassen. Die Suppe pürieren, Milch und Sahne zugießen und mit Gewürzen abschmecken.
6. Die Suppe in einen Teller geben und mit dem Topping der Wahl anrichten.

→ **Tipp**

Sahnereste lassen sich gut portionsweise einfrieren.

→ **Variante**

Anstelle der Sahne Kokosmilch nehmen und zusätzlich mit Curry und Kurkuma würzen.

Nährwerte (ohne Topping):
Energie 252 kcal Fett 12 g Kohlenhydrate 28 g
Eiweiß 6 g Ballaststoffe 4 g

Toppingideen für Suppen, Salate und Bowls

Toppings eignen sich zum Variieren von Suppen, Salaten. So bringen Sie auch Abwechslung auf Bowls und belegte Brote.

Croutons

50 g Brot oder Brötchen (gerne auch altbacken) würfeln und dann entweder mit

→ 2 EL geschmolzener Butter oder
→ einer Marinade aus 2 EL Rapsöl, 1 EL Senf oder
  1 Esslöffel gehackte Petersilie mit 2 Esslöffel Rapsöl oder
→ eine Marinade aus 2 EL Olivenöl und 5 g geriebenem Parmesankäse,
  1 gepressten Knoblauchzehe, frisch gemahlenem Pfeffer und Oregano
→ mischen. Dann auf ein mit Backpapier ausgelegtes Backblech geben und bei 150 °C Umluft im Backofen 10–15 Minuten goldgelb backen.

„Gemüsestroh“

Lauch in feine Ringe und Möhren in sehr feine Streifen schneiden: von den Möhren mit einem Sparschäler Scheiben abheben und diese dann in feine Streifen schneiden).

Bruschetta

Tomaten halbieren und aushöhlen. Die Tomatenränder fein würfeln, etwas Knoblauch und feine Streifen von Frühlingszwiebeln untermischen und mit Salz und Pfeffer würzen (das Tomateninnere für Tomatensuppe oder Tomatensoße verwenden).

Geröstete Nüsse und Kerne

Sonnenblumen- oder Kürbiskerne oder auch gehackte Nüsse in einer trockenen Pfanne unter Rühren leicht anrösten, bis sie ein wenig Farbe bekommen.

Knusprige Kichererbsen

1 kleine Dose Kichererbsen, gut abgetropft, mit 2 EL Öl, etwas Salz, Pfeffer, Kardamom und Kurkuma sowie 1 TL braunen Zucker mischen und bei 200 °C Umluft etwa 20 Minuten backen.

oder ...

Serranoschinken oder geräucherten Lachs in feine Streifen schneiden
Garnelen, gegart
Pesto → Seite 162
frische Kräuter
Suppe, Salat oder Bowl mit Knoblauch- oder Kräuterbaguette servieren → Seite 177

→ Tipp

Als Partyessen einen großen Topf Suppe zubereiten und eine Auswahl Toppings danebenstellen. So können alle die verschiedenen Varianten ausprobieren.

Feine Linsensuppe

1 Zwiebel
2 EL Rapsöl
1200 ml Gemüsebrühe
200 g braune Teller-linsen
300 g Möhren
100 g Knollensellerie
150 g Lauch
500 g Kartoffeln
Jodsalz, Pfeffer, Liebstöckel

1. Die Zwiebel würfeln. Das Öl in einem ausreichend großen Topf erhitzen. Die gewürfelte Zwiebel in dem Fett leicht anschwitzen. Mit der Hälfte der Gemüsebrühe aufgießen, die gewaschenen und abgetropften Linsen zugeben und 30 Minuten köcheln lassen.
2. Möhren, Sellerie und Lauch in kleine Würfel schneiden, Kartoffeln ebenfalls fein würfeln.
3. Mit der übrigen Gemüsebrühe zu den Linsen geben und die Suppe noch weitere 10 Minuten köcheln lassen. Mit Gewürzen und Kräutern abschmecken.

→ **Tipp**

Suppengemüse und Kartoffeln in der oben beschriebenen Menge vorbereiten und als eine Familienportion einfrieren. Daraus lässt sich spontan eine schnelle Mahlzeit zubereiten, wenn die Zeit zum Einkaufen zu knapp war.

→ **Tipp**

Superkurze Kochzeit: Alle Zutaten in einen Schnellkochtopf geben und 10–15 Minuten unter Druck kochen lassen, dann ist die Suppe deutlich schneller fertig.

Energie 351 kcal Fett 6 g Kohlenhydrate 48 g
Eiweiß 17 g Ballaststoffe 14 g

Zucchini-Käse-Suppe

2 Zwiebeln
1 Knoblauchzehe
250 g Kartoffeln
250 g Zucchini
2 EL Rapsöl
800 ml Gemüsebrühe
100 g Frischkäse
Jodsalz, Pfeffer, geriebene Muskatnuss
1 EL gehackte Petersilie
1 Vollkornbaguette

1. Die Zwiebeln und den Knoblauch würfeln, Kartoffeln und Zucchini waschen und grob raspeln.
2. Das Öl in einem Topf erhitzen, darin die Zwiebelwürfel und den Knoblauch leicht anschwitzen, dann die Kartoffelraspel zugeben und kurz anschwitzen und danach die Zucchiniraspel hinzufügen.
3. Mit der Gemüsebrühe aufgießen und die Suppe 10 Minuten leicht köcheln lassen. Den Frischkäse unterrühren, mit den Gewürzen abschmecken und zum Schluss die gehackte Petersilie darüberstreuen.
4. Das Vollkornbaguette in Scheiben schneiden und zur Suppe reichen.

Energie 344 kcal Fett 14 g Kohlenhydrate 39 g
Eiweiß 11 g Ballaststoffe 6 g

Tomatencremesuppe

1 kg frische, gut gereifte Tomaten (alternativ Tomaten in Stücken aus der Konserve)
2 Zwiebeln
2 EL Rapsöl
Jodsalz, Pfeffer, Paprikapulver edelsüß, Cayennepfeffer
1 TL Zucker
100 ml Sahne
100 g Schmand
1–2 EL Milch, 3,5 % Fett

1. Die Tomaten waschen und in Würfel schneiden. Die Zwiebeln würfeln. Das Öl in einem Topf erhitzen und die Zwiebelwürfel darin anschwitzen.
2. Die Tomaten zugeben, kräftig würzen und 5 Minuten leicht köcheln.
3. Die Suppe pürieren, die Sahne zugeben und noch einmal kurz aufkochen. Den Schmand mit der Milch glatt rühren.
4. Die Suppe auf den Teller geben und mit jeweils 1 TL Schmand in der Mitte verzieren.

→ **Variante**

Als Minestrone: Geben Sie 1 Dose weiße Bohnen in die Suppe und würzen Sie mit getrockneten italienischen Kräutern. Mit 1 kleinen Vollkornbrötchen als Beilage wird die Suppe zum Hauptgericht.

→ **Variante**

Lecker auch mit Kokosmilch anstelle von Sahne, Milch und Schmand.

Energie 237 kcal Fett 19 g Kohlenhydrate 11 g
Eiweiß 4 g Ballaststoffe 4 g

Brokkoli-Schmand-Suppe

100 g Zwiebeln
240 g Kartoffeln
240 g Brokkoli
1 EL Rapsöl
400 ml Gemüsebrühe
50 g Schmand
Salz, Pfeffer, Muskatnuss

1. Zwiebeln in Würfel schneiden, Kartoffeln und den Strunk des Brokkolis grob raspeln. Den übrigen Brokkoli in kleine Röschen unterteilen.
2. Das Rapsöl in einem Topf erhitzen, darin die Zwiebelwürfel andünsten, zunächst die Kartoffelraspel zugeben und leicht anschwitzen (2 bis 3 Minuten), dann die Brokkoliraspel hinzugeben.
3. Mit der Gemüsebrühe angießen und die Suppe 10 Minuten leicht köcheln lassen.
4. Die Brokkoliröschen unterrühren und noch 2 Minuten weiterkochen.
5. Den Schmand unterrühren und mit den Gewürzen abschmecken.

→ **Variante**

Anstelle von Brokkoli Zucchini nehmen. Dann die gesamte Gemüsemenge grob raspeln.

Energie 249 kcal Fett 13 g Kohlenhydrate 24 g
Eiweiß 8 g Ballaststoffe 6 g

Linsensalat mit roter Bete

200 g rote Linsen
300 ml Gemüsebrühe
400 g rote Bete (gekocht)
1 Bund Lauchzwiebeln
½ Bund glatte Petersilie

2 EL Olivenöl
2 EL Apfelessig
1 TL Senf
1 TL Honig
1 TL Currypulver
Kurkuma, Jodsalz, Pfeffer

1. Die Linsen in einem Sieb waschen, abtropfen lassen und mit der Gemüsebrühe in einen Topf geben und 8 Minuten köcheln lassen, Die Linsen sollen noch bissfest sein und nicht zerkochen.
2. Die rote Bete würfeln, die Lauchzwiebeln in Ringe schneiden und die Petersilie hacken.
3. Aus Öl, Essig, Senf, Honig, zwei Esslöffel Wasser und den Gewürzen ein Dressing zubereiten.
4. Zunächst die rote Bete mit Lauchzwiebeln, Petersilie und dem Dressing in einer Schüssel mischen und kräftig würzen. Dann vorsichtig die roten Linsen unterheben. Kann direkt serviert werden.

→ Tipp

Der Salat schmeckt auch mit Ziegenkäse.

→ Tipp

75 g rote Linsen und 150 g Gemüsebrühe zusätzlich mitkochen und daraus den Rote-Linsen-Aufstrich *→ Seite 114* *zubereiten.*

Energie 262 kcal Fett 6 g Kohlenhydrate 32 g
Eiweiß 14 g Ballaststoffe 12 g

Bulgursalat

400 ml Gemüsebrühe
4 EL Tomatenmark
200 g Bulgur (Weizengrütze)
2 Paprikaschoten, gelb
1 Salatgurke
3 Fleischtomaten
1 Bund Lauchzwiebeln
1 Bund Petersilie
20 Minzblätter
2 EL Rapsöl
Jodsalz, Pfeffer

1. Die Gemüsebrühe mit dem Tomatenmark verrühren und aufkochen. Den Bulgur in eine Schüssel geben, die heiße Tomatenbrühe darüber gießen und 10 Minuten garziehen lassen. Dann abkühlen lassen.
2. Das Gemüse in kleine Würfel schneiden, die Lauchzwiebeln in Ringe. Petersilie und Minzblätter grob hacken.
3. Alles zum Bulgur geben.
4. Das Öl untermischen und mit Salz und Pfeffer würzen.

→ **Tipp**

Mit 200 g Schafskäse wird der Salat zu einer sommerlich-leichten Hauptspeise.

Energie 284 kcal Fett 7 g Kohlenhydrate 43 g Eiweiß 9 g Ballaststoffe 7 g

Bowl-Fantasien  

Viele frische Lebensmittel treffen sich in einer Bowl: Hier sind der Fantasie keine Grenzen gesetzt, und schnell geht es auch.
Bowls sind außerdem gut geeignet, um Reste zu verarbeiten.
Zum Mitnehmen in ein großes Glas schichten. Dressing extra halten und erst vor dem Essen mischen.

Und so geht's:

Meist fünf oder mehr verschiedene warme und kalte Zutaten werden ansprechend in einer Müslischale oder einem tiefen Teller angerichtet, Dressing und Topping werden darüber gegeben – schon kann gegessen und genossen werden.
Alternativ bieten Sie vorbereitete Zutaten einzeln an. So kann sich jeder am Tisch eine ganz persönliche Bowl zusammenstellen.

Die Zutaten:

4–5 verschiedene Gemüse- und Salatsorten:
Menge: 20 g bei Blattsalaten, 50–75 g bei Gemüsesorten pro Portion
Vorbereitung: in mundgerechte Stücke geschnitten, ggf. auch gegart
Ideen: Aubergine, Avocado, Blumenkohl, Brokkoli, Champignons, Chinakohl, Eisbergsalat, Feldsalat, Gurke, Kohlrabi, Kopfsalat, Lauch, Möhren, Paprika, Postelein , Radieschen, Rettich, Rote Bete, Rotkohl, Rucola, Spinat, Tomate, Spitzkohl, Mais, Zucchini, Zwiebel und viele mehr

1 × Hülsenfrüchte:
Menge: 50–75 g pro Portion
Vorbereitung: gegart oder aus der Konserve
Ideen: Grüne Bohnen, Kidneybohnen, weiße Bohnen, Zuckerschoten, Linsen, Kichererbsen

1 × stärkehaltige Beilage:
Menge: 50–75 g pro Portion
Vorbereitung: gegart, passt warm oder kalt
Ideen: Bulgur, Couscous, Croutons, Kartoffeln, Nudeln, Reis, Süßkartoffeln, Tacos, Knoblauchbaguette, geröstetes Brot

1 × eiweißreiche Ergänzung:
Menge: 50–75 g pro Portion
Vorbereitung: gegart, passt warm oder kalt
Ideen: Feta, Käsestreifen, Mozzarella, gekochtes Ei, Omelett- oder Pfannkuchenstreifen, gegarte Geflügelstreifen, Schweinefilet, Hackfleischkrümel, Minifrikadellen, geräuchertes Lachsfilet, Thunfisch oder Forelle

+ Toppings:
Jede Menge Toppingideen finden Sie hier → Seite 126
Es eignen sich aber auch ein paar Mandeln oder Nüsse oder klein geschnittenes saisonales Obst wie etwa Wassermelone, Birne, Orange oder Mandarine.

+ Dressing:
Menge: 50–75 g pro Portion
Ideen: Cocktailsoße, Joghurtdressing, Vinaigrette, Kichererbsencreme → Seite 115, Rote-Linsen-Aufstrich → Seite 114
Weitere Dressingideen finden Sie hier → Seiten 138, 139, 140, 162.

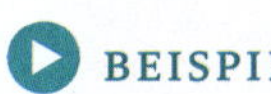

Nährwerte für eine Bowl aus

50 g Chinakohl, 75 g Tomaten, 75 g Paprikaschote, 50 g Zucchini, 20 g Postelein, 50 g Kichererbsen, 50 g Bulgur, 50 g Mozzarella und einer Portion Salatsoße → Seite 139

Energie 429 kcal Fett 24 g Kohlenhydrate 31 g
Eiweiß 17 g Ballaststoffe 8 g

Feldsalat mit Tomaten und Pistazien

150 g Feldsalat (oder Blattsalat)
2 rote Zwiebeln
300 g Kirschtomaten
30 g Pistazien (alternativ Mandelstifte oder gehackte Mandeln)

3 EL Weißweinessig
2 EL Walnussöl
1 EL Senf
Jodsalz, Pfeffer,
1 TL Zucker
etwas Zitronensaft

1. Den Feldsalat in eine große Schüssel geben.
2. Die Zwiebeln fein würfeln. Die Kirschtomaten je nach Größe, halbieren oder vierteln. Zwiebeln und Tomaten mit dem Feldsalat vorsichtig mischen und die Pistazien darüberstreuen.
3. Für das Dressing Essig, Öl und Senf verrühren und mit Salz, frisch gemahlenem schwarzen Pfeffer, Zucker und Zitronensaft kräftig abschmecken.
4. Direkt vor dem Verzehr das Dressing unterheben.

Energie 128 kcal Fett 9 g Kohlenhydrate 6 g
Eiweiß 3 g Ballaststoffe 3 g

VORRATSREZEPT
Himbeer-Senf-Dressing

Ergibt 15 Portionen

200 ml Rapsöl
125 ml Himbeeressig
100 ml Wasser
40 g Senf
20 g Ahornsirup
15 g Salz
½ TL Pfeffer

Die angegebenen Mengen ergeben einen Vorrat für etwa 7–10 Tage.

1. Alle Zutaten in einer Schüssel kräftig miteinander verrühren und dann, am besten mit einem Trichter, in eine verschließbare Flasche füllen.
2. Vor Gebrauch noch einmal durchschütteln und dann je Portion etwa 3–4 EL Salatsoße nutzen.
3. Im Kühlschrank ist die Salatsoße etwa 10–14 Tage haltbar.

 **Tipp**

Wer mag kann die Salatsoße noch variieren und zum Beispiel je Portion 10–15 g/ml Joghurt, Schmand, Sahne oder eine pflanzliche Alternative bei Blattsalaten je Portion 10 ml Orangensaft zugeben. Auch ein Spritzer Zitronensaft oder noch etwas Senf kann bei Bedarf ergänzt werden.

 **Pro Portion:**

Energie 118 kcal Fett 13 g Kohlenhydrate 1 g
Eiweiß 0 g Ballaststoffe 0 g

Bunter Nudelsalat

300 g bunte Vollkornnudeln
200 g Zucchini
2 rote Paprikaschoten
2 gelbe Paprikaschoten
75 g Gouda

50 g Tomatenmark
2 EL Olivenöl
4 EL Essig
50 ml Wasser
1 Prise Zucker
Jodsalz, Pfeffer, Paprika
3 EL Basilikum oder Petersilie

1. Die Nudeln entsprechend der Anweisung in Salzwasser kochen. Die Zucchini grob raspeln. Paprikaschoten in feine Würfel schneiden. Gouda in feine Streifen schneiden oder ebenfalls grob raspeln.
2. In der Salatschüssel aus dem Tomatenmark, Olivenöl, Wasser und Essig eine Soße zubereiten, mit Salz, Pfeffer, Paprika, 1 Prise Zucker würzen und mit den Kräutern mischen.
3. Alle vorbereiteten Zutaten unter die Soße heben und den Salat abschmecken.

Energie 410 kcal Fett 11 g Kohlenhydrate 53 g
Eiweiß 18 g Ballaststoffe 13 g

Klassischer Kartoffelsalat

600 g Kartoffeln
1 Apfel
2 gekochte Eier
2 Gewürzgurken
1 kleine Zwiebel
125 g Salatmayonnaise
100 g Joghurt, 3,5 % Fett
50 ml Gewürzgurkenwasser (oder 40 ml Wasser und 10 ml Essig)
1 EL Senf
1 Prise Zucker
2 EL Essig
Jodsalz, Pfeffer
1 EL gehackter Dill

1. Die Kartoffeln in der Schale gar kochen, dann kurz mit kaltem Wasser abschrecken und die Schale abpellen, die Kartoffeln in Scheiben schneiden und in eine Schüssel geben.
2. Die gekochten Eier, den Apfel, die Gurken und die Zwiebel in kleine Würfel schneiden und zu den Kartoffeln geben.
3. Eine Marinade aus Mayonaise, Joghurt, Gurkenwasser, Senf, Zucker, Essig, Salz und Pfeffer anrühren, mit dem Dill unter den Salat mischen und etwas ziehen lassen und bei Bedarf nachwürzen.

Energie 356 kcal Fett 20 g Kohlenhydrate 33 g
Eiweiß 8 g Ballaststoffe 3 g

Superschneller Nudelsalat

250 g Vollkornnudeln
1 mittlere Dose Erbsen und Möhren (Abtropfgewicht 285 g)
2 Zwiebeln
3 Gewürzgurken
150 g Salatmayonnaise
150 g Joghurt, 3,5 % Fett
60 g Gewürzgurkenwasser (oder 40 ml Wasser und 20 ml Essig)
Jodsalz, Pfeffer
Petersilie

1. Die Nudeln (z. B. Penne) nach Anweisung in Salzwasser kochen. In einer Schüssel auskühlen lassen.
2. Erbsen und Möhren zugeben. Die Zwiebel und die Gewürzgurken fein würfeln und dazugeben.
3. Die Mayonnaise mit dem Joghurt und den übrigen Zutaten verrühren, kräftig abschmecken und unter die Nudeln mischen.

→ **Tipp**

Ein guter Pausensnack für den nächsten Tag: Aus übriggebliebenen Nudeln können Sie leicht einen Nudelsalat zubereiten. In verschließbaren Gläsern ist er gut zum Mitnehmen geeignet.

Energie 474 kcal Fett 23 g Kohlenhydrate 49 g
Eiweiß 13 g Ballaststoffe 10 g

Gefüllte Paprikaschoten auf Tomatensoße

Für die Tomatensoße:
1 Zwiebel
1 EL Rapsöl
500 g Tomatenstücke aus frischen Tomaten, alternativ Konserve
Salz, Pfeffer, italienische Kräuter
1 Prise Zucker
100 ml Gemüsebrühe
2 EL Sahne oder Frischkäse

Für die Füllung:
300 ml Wasser
1 TL Jodsalz
2 EL Tomatenmark
150 g Couscous

½ Bund Frühlingszwiebeln
5 Paprikaschoten, rot und gelb
100 g Schmand
75 g Gouda

1. Die Zwiebel würfeln. Das Öl in einem Topf erhitzen und die Zwiebelwürfel darin anschwitzen.
2. Die Tomatenstücke zugeben, würzen (Salz, Pfeffer, italienische Kräuter, Zucker) und 5 Minuten leicht köcheln. Die Gemüsebrühe zugeben. 2 Esslöffel Sahne oder Frischkäse unterrühren.
3. Für die Füllung 300 ml Wasser erhitzen, Salz und Tomatenmark unterrühren, dann den Couscous einrühren und 10 Minuten quellen lassen.
4. Die Frühlingszwiebeln in Ringe schneiden und eine Paprikaschote fein würfeln. Beides mit dem Schmand unter den Couscous mischen.
5. 4 Paprikaschoten putzen und längs halbieren. Die Tomatensoße in eine Auflaufform gießen. Die 8 Paprikahälften mit dem Couscous füllen und in die Tomatensoße geben. Mit dem geriebenen Gouda bestreuen und 35 Minuten bei 170 °C Umluft backen.

→ **Tipp**

Die doppelte Menge vorbereiten und eine Hälfte ungebacken einfrieren. Wenn es zeitlich eng ist, die gefrorene Portion auftauen lassen und backen.

→ **Tipp**

Die Couscousmischung ist auch zum Füllen von Auberginen, Gurken, Kohlrabi, Tomaten und Zwiebeln geeignet.

Energie 363 kcal Fett 15 g Kohlenhydrate 39 g
Eiweiß 14 g Ballaststoffe 9 g

Gnocchi „rot, grün, weiß“

500 g Gnocchi (Frischware)
400 g Pak Choi
2 Zwiebeln
2 Knoblauchzehen
400 g Cocktailtomaten
200 g Feta
1 EL Olivenöl
300 ml Kokosmilch
1 TL italienische Kräuter
Jodsalz, Pfeffer

1. Die Gnocchi nach Packungsangabe in Salzwasser garziehen lassen.
2. Den Pak Choi in Streifen, die Zwiebeln und den Knoblauch in feine Würfel schneiden. Die Cocktailtomaten halbieren. Den Feta in kleine Würfel schneiden.
3. In einer großen Pfanne das Öl erhitzen, darin die Zwiebeln und den Knoblauch leicht anschwitzen. Pak Choi und Tomatenhälften zugeben und erhitzen. Kokosmilch zugeben und 2 Minuten köcheln lassen.
4. Gnocchi, Schafskäse und italienische Kräuter untermischen, mit wenig Salz und Pfeffer würzen und noch einmal kurz erhitzen.

→ **Variante**

Lecker auch mit Spinat oder Mangold.

Energie 361 kcal Fett 18 g Kohlenhydrate 31 g
Eiweiß 15 g Ballaststoffe 5 g

Bulgur-Gemüsepfanne

200 g Bulgur
3 rote Zwiebeln
800 g gemischtes Gemüse (zum Beispiel Tomate, Paprika, Zucchini und Aubergine oder Brokkoli, Blumenkohl, Möhre und Kohlrabi [frisch oder TK])
2 EL Rapsöl
150 ml Gemüsebrühe
50 g Frischkäse
Jodsalz, Pfeffer, Paprikapulver
2 EL gehackte Petersilie

1. Den Bulgur entsprechend der Packungsanweisung in Salzwasser kochen. Die Zwiebeln würfeln, das übrige Gemüse in mundgerechte Stücke schneiden.
2. Das Öl in einem Topf erhitzen, zuerst die Zwiebeln anschwitzen, dann das Gemüse zugeben und bissfest garen. Den Bulgur unterrühren.
3. Die Gemüsebrühe mit dem Frischkäse verrühren, zugeben und noch einmal kurz aufkochen. Mit den Gewürzen abschmecken und zum Schluss die gehackte Petersilie unterrühren.

→ **Tipp**

Doppelte Menge Bulgur kochen und als Zutat für eine Bowl oder einen Salat am nächsten Tag nutzen.

Energie 335 kcal Fett 7 g Kohlenhydrate 49 g
Eiweiß12 g Ballaststoffe 12 g

Italienisches Blech

800 g kleine Kartoffeln (Drillinge)
Jodsalz, Pfeffer, Paprikapulver, Rosmarin, Majoran, Thymian
4 EL Olivenöl
300 g Hähncheninnenfilets
4 Zwiebeln
4 Knoblauchzehen
100 g Oliven, schwarze, entsteint
2 gelbe Paprikaschoten
2 rote Paprikaschoten

Die Backzeit für das „italienische Blech" beträgt insgesamt 60 Minuten, bedingt durch die unterschiedlichen Garzeiten der Zutaten werden diese nach und nach zugegeben.

1. Eine große Auflaufform mit Backpapier auslegen. Die Kartoffeln (ungeschält, große halbiert) würzen, mit dem Öl mischen und in die Auflaufform geben und 10 Minuten bei 180 °C Umluft backen.
2. Die Hähncheninnenfilets jeweils in 2–3 Stücke schneiden. Die Zwiebeln achteln, den Knoblauch grob zerkleinern.
3. Nun die Auflaufform kurz aus dem Ofen nehmen und die Zwiebeln, die Knoblauchzehen und das Hähnchenfleisch mit den anderen Zutaten in der Auflaufform mischen. Vorsicht, heiß! Noch einmal kräftig mit Rosmarin, Majoran, Thymian, Pfeffer und Salz würzen. Die Auflaufform erneut in den Backofen schieben und bei 180 °C Umluft weitere 30 Minuten backen.
4. Die Paprikaschote in mundgerechte Stücke schneiden und zusammen mit den Oliven wie oben hinzugeben, erneut umrühren. Das Ganze noch etwa 15–20 Minuten weiterbacken, bis die Kartoffeln gar sind.

Energie 418 kcal Fett 15 g Kohlenhydrate 40 g
Eiweiß 24 g Ballaststoffe 8 g

Cannelloni mit Gemüsefüllung

1 Zwiebel
1 EL Rapsöl
300 g Möhren
250 g Zucchini
100 g Frischkäse
200 g Magerquark
2 Eier
Jodsalz, Pfeffer, Paprikapulver
20 Cannelloni

Für die Tomatensoße:
1 Zwiebel
1 EL Olivenöl
500 g Tomatenwürfel (frisch und reif oder Konserve)
100 ml Gemüsebrühe
Jodsalz, Pfeffer, italienische Kräuter
1 Prise Zucker
20 ml Sahne oder 20 g Frischkäse

Außerdem:
100 g geriebener Gouda

1. Die fein gewürfelte Zwiebel in dem Öl leicht anschwitzen. Die Möhren und Zucchini ebenfalls fein würfeln. Erst die Möhren zu geben, leicht anschwitzen und etwa 5 Minuten dünsten, dann die Zucchiniwürfel. Mit wenig Salz und Pfeffer würzen und noch einmal 3 Minuten dünsten, das Gemüse sollte fast gar und weich sein.
2. In einer große Schüssel den Frischkäse mit Quark und Eiern verrühren und das noch warme (aber nicht zu heiße) Gemüse untermischen. Mit Salz, Pfeffer und Paprikapulver würzen. Mit einem Spritzbeutel (ohne Tülle) die Masse in die Cannelloni füllen, am besten stehen sie dazu aufrecht in der Form, dann erst flach hineinlegen. Was übrig ist, auf den Cannelloni verteilen.
3. Für die Tomatensoße die Zwiebeln würfeln. Das Öl in einem Topf erhitzen und die Zwiebelwürfel darin anschwitzen. Die Tomatenwürfel zugeben, würzen und 5–10 Minuten leicht köcheln. Gemüsebrühe zugeben. Etwas Sahne oder Frischkäse unterrühren.
4. Die Tomatensoße über die Cannelloni gießen, den Käse darüberstreuen. Bei 180 °C Umluft ca. 30 Minuten backen.

→ **Tipp**

Wer keinen Spritzbeutel hat, nutzt eine kleine Gefriertüte und schneidet eine Spitze ab. Die Öffnung muss kleiner als der Durchmesser der Cannelloni sein.

Energie 491 kcal Fett 31 g Kohlenhydrate 27 g
Eiweiß 23 g Ballaststoffe 6 g

Gefüllte Wraps

200 g Schmand, 20 % Fett, oder Hummus
2 EL Milch, 3,5 % Fett, oder Haferdrink
1 TL Tomatenmark
Jodsalz, Pfeffer, Currypulver, Paprikapulver
1 Gurke
4 Tomaten
Je 1 Paprikaschote, rot, gelb, orange
2 Zwiebeln
25 g Eisbergsalat
1 kl. Dose Mais (abgetropft 165 g)
1 Dose Kidneybohnen (abgespült und abgetropft 225 g)
8 Tortillas (Weizenmehlfladen), je Wrap ca. 40 g

1. Schmand oder Hummus mit Milch oder Haferdrink und Tomatenmark verrühren, mit den Gewürzen pikant abschmecken.
2. Gurke, Tomate, Paprika in kleine Würfel schneiden, die Zwiebeln in halbe Ringe und den Eissalat in Streifen schneiden. Mais und Kidneybohnen aus der Konserve abschütten und jeweils in ein Schälchen geben.
3. Alle Tortillas in einer Pfanne ohne Zugabe von Fett bei mittlerer Hitze vorsichtig aufwärmen, dazu die Pfanne mit einem Deckel schließen.
4. Die aufgewärmten Wraps mit der Schmand- oder Hummusmischung dünn bestreichen, nach Belieben mit dem Gemüse belegen, aufrollen und genießen.

→ **Tipp**
Die Kichererbsencreme → Seite 115 lässt sich wie Hummus verwenden.

Energie 380 kcal Fett 13 g Kohlenhydrate 50 g
Eiweiß 11 g Ballaststoffe 11 g

Gefüllte Zucchini mit Thunfisch auf Tomatensoße

1 Zwiebel
1 EL Rapsöl
500 g Tomatenwürfel (frisch oder alternativ Konserve)
Jodsalz, Pfeffer, italienische Kräuter
1 Prise Zucker
100 ml Gemüsebrühe

4 Zucchini
2 EL Rapsöl
2 Zwiebeln
2 Knoblauchzehen
1 Dose Thunfisch im eigenen Saft (abgetropft 150 g)
Pfeffer, Chilipulver, Jodsalz
1 EL gehackte Petersilie
50 g geriebener Gouda

1. Die Zwiebeln würfeln. Das Öl in einem Topf erhitzen und die Zwiebelwürfel darin anschwitzen.
2. Die passierten Tomaten zugießen, würzen (Jodsalz, Pfeffer, italienische Kräuter, Zucker) und 5 Minuten leicht köcheln, dann die Gemüsebrühe hinzufügen und umrühren. Die Soße in eine Auflaufform geben.
3. Die Zucchini waschen, längs halbieren und am besten mit einem Löffel aushöhlen, dabei einen dickeren Rand stehen lassen. Das ausgelöste Zucchinifleisch klein würfeln und bereitstellen.
4. Das Öl in eine Pfanne geben und erhitzen, darin Zwiebeln und Knoblauch dünsten. Das Zucchinifleisch hinzufügen und ca. 5 Minuten mitdünsten, den Thunfisch zerkleinern und einrühren. Kräftig würzen.
5. Petersilie zugeben und die Masse in den Zucchinihälften verteilen. Die Zucchini auf die Tomatensoße legen und mit dem Käse bestreuen. Bei 180 °C Umluft ca. 30 Minuten backen.

→ Tipp

Dazu passen Reis oder Nudeln (siehe Foto).

Energie 212 kcal Fett 11 g Kohlenhydrate 10 g
Eiweiß 17 g Ballaststoffe 4 g

Mediterrane Gemüsepfanne mit Joghurt-Minz-Soße

150 g Vollkornreis
2 Paprikaschoten
250 g Champignons
250 g Zucchini
250 g Aubergine
200 g Cocktailtomaten
2 EL Olivenöl
2 Zwiebeln
300 g Kichererbsen (Konserve)
Jodsalz, Pfeffer, Kräuter der Provence

Für die Joghurt-Minz-Soße:
500 g Joghurt, 3,5% Fett
1 Knoblauchzehe
1 TL Zucker
1 EL Zitronensaft
Salz, Pfeffer
½ Bund Minze
½ Bund Petersilie

1. Den Reis in 350 ml Salzwasser einmal aufkochen und dann bei geschlossenem Deckel auf kleinster Stufe 30 Minuten gar ziehen lassen.
2. Das Gemüse und die Champignons in gleich große Stücke schneiden, die Cocktailtomaten halbieren. Das Öl in der Pfanne erhitzen und das Gemüse dünsten, dabei mit den Zwiebeln beginnen und Tomaten und Zucchini am Schluss noch 2–3 Minuten mit erhitzen.
3. Die Kichererbsen abtropfen lassen und zugeben. Den gegarten Reis vorsichtig unterheben und alles mit den Gewürzen abschmecken.
4. Für die Soße den Joghurt in einer Schüssel glatt rühren, den Knoblauch pressen, zugeben, mit Zucker, Zitronensaft und Gewürzen verrühren. Minze und Petersilie hacken und vorsichtig unterrühren.

→ **Tipp**

Das Kichererbsenwasser aus dem Glas oder Dose lässt sich als Aquafaba, das ist veganer Eischnee, weiterverwenden. Wenn Kichererbsen übrig bleiben, lässt sich daraus die Kichererbsencreme *→ Seite 115* *zubereiten.*

Energie 445 kcal Fett 13 g Kohlenhydrate 56 g
Eiweiß 20 g Ballaststoffe 9 g

Überbackene Schweineschnitzel

- 4 kleine Schweineschnitzel (je etwa 100–125 g)
- 2 rote Paprikaschoten
- 300 g Champignons
- 1 EL Tomatenmark
- 100 ml Sahne
- 150 ml Brühe
- 100 g Frischkäse
- 30 g Mandelmus
- 2 TL Paprikapulver
- Jodsalz und Pfeffer
- 50 g geriebener Gouda

1. Die Schnitzel salzen und pfeffern und in einer Pfanne von beiden Seiten kurz (ca. 2–3 Min.) anbraten.
2. In der Zwischenzeit die Paprikaschoten putzen, waschen und in Streifen schneiden.
3. Die Champignons putzen und in Scheiben schneiden. Die Sahne mit der Brühe in einen Topf geben und langsam zum Kochen bringen. Den Frischkäse zugeben und unter Rühren schmelzen. Das Mandelmus einrühren. Mit Paprikapulver, Salz und Pfeffer würzen.
4. Die Schnitzel in eine gefettete Auflaufform legen und die Champignons und Paprikastückchen darüber geben. Die Soße über die Schnitzel gießen und mit dem geriebenem Käse bestreuen. Im Backofen bei 180 °C Umluft ca. 20–30 Minuten backen.

→ **Tipp**

Dazu Kartoffeln oder Nudeln servieren.

Energie 397 kcal Fett 25 Kohlenhydrate 6 g
Eiweiß 37 g Ballaststoffe 3 g

Kartoffel- und Möhrenstifte mit Kräuterquark

600 g Möhren
2 EL Rapsöl
Salz, Pfeffer
150 ml Wasser
500 g Magerquark
150 g Joghurt, 3,5 % Fett
1 Knoblauchzehe
Jodsalz, Pfeffer, Paprikapulver
Petersilie, Schnittlauch und Dill

1. Die Kartoffeln gründlich waschen und mit der Schale in Stifte schneiden. Die Möhren schälen, längs vierteln und ebenfalls in Stifte schneiden.
2. Das Öl in einem Topf erhitzen, die Kartoffeln darin etwa 5 Minuten leicht anschwitzen. Die Möhren zugeben, mit Salz und Pfeffer würzen und beides mit 100–150 ml Wasser garen. Am Ende der Garzeit von etwa 20 Minuten das restliche Wasser verdampfen lassen.
3. Den Quark mit dem Joghurt verrühren. Den Knoblauch pressen und mit den Gewürzen und den gehackten Kräutern unter die Quarkmasse mischen.
4. Die Gemüsestifte auf einen Teller geben und mit dem Quark anbieten.

Energie 372 kcal Fett 7 g Kohlenhydrate 47 g
Eiweiß 24 g Ballaststoffe 7 g

Gemüsenudeln al forno

350 g Vollkorn-Spiralnudeln
2 Zwiebeln
350 g Brokkoli (frisch oder TK)
350 g Möhren (frisch oder TK)
1 EL Rapsöl
Jodsalz, Pfeffer, Paprikapulver
75 g geriebener Gouda oder Mozzarella

1. Die Nudeln entsprechend der Packungsanweisung kochen.
2. Die Zwiebeln würfeln, den Brokkoli in Röschen schneiden, den Brokkolistiel würfeln und die Möhren in Streifen schneiden.
3. Das Öl in der Pfanne erhitzen. Zunächst die Zwiebelwürfel im Öl anschwitzen, dann das Gemüse zugeben und mit andünsten. Wenn das Gemüse bissfest ist, die Nudeln zugeben, alles miteinander mischen und würzen (vorsichtig salzen, da der Käse noch folgt).
4. Den geriebenen Käse auf die heißen Nudeln geben und bei 180°C Umluft kurz überbacken.

→ **Varianten**

Brokkoli und Möhren können beliebig und nach Geschmack gegen andere Gemüsesorten ausgetauscht werden.
Als Extra 100 g Kochschinken würfeln und zusammen mit den Nudeln unter die Gemüsemischung heben.
Dazu passt auch die Tomatensoße *→ Seite 161.*

Energie 438 kcal Fett 8 g Kohlenhydrate 62 g
Eiweiß 20 g Ballaststoffe 16 g

Fladenbrot-Calzone

2 Paprikaschoten
1 EL Olivenöl
1 Fladenbrot (Pide), ca. 4 cm dickes, größeres Fladenbrot
200 g Feta
3 Fleischtomaten
1 Zwiebel
3 Knoblauchzehen
frisch gemahlener Pfeffer

1. Die Paprikaschoten in Streifen schneiden. Das Öl in einer Pfanne erhitzen und die Paprika darin 2–3 Minuten anschwitzen.
2. Das Fladenbrot so quer durchschneiden, dass ein Boden und ein Deckel entstehen. Den Feta in dünne Scheiben schneiden und den Boden damit belegen. Tomaten und Zwiebeln in Scheiben schneiden und ebenfalls auf dem Boden legen, darauf die gedünstete Paprika verteilen.
3. Anschließend Knoblauchzehen putzen, in dünne Scheiben schneiden und ebenfalls auf dem Gemüse verteilen, etwas Pfeffer darüberstreuen.
4. Den Deckel des Brotes aufsetzen, das ganze Brot in den Backofen geben und bei ca. 150°C Umluft etwa 15–20 Minuten backen (bis der Deckel Farbe bekommt und das Fladenbrot komplett heiß ist).
5. Nach dem Backen mit einem scharfen Messer (am besten Brotmesser mit Wellenschliff) in Ecken schneiden.

→ **Tipp**

Wer es schärfer mag, kann zusätzlich Peperoni verwenden.

Energie 394 kcal Fett 16 g Kohlenhydrate 43 g
Eiweiß 16 g Ballaststoffe 5 g

Italienische Polenta

800 ml Gemüsebrühe
200 g Polenta (Maisgrieß)
1 Stange Lauch
200 g getrocknete Tomaten
2 EL Olivenöl
Salz, Pfeffer, Paprika, Kurkuma
200 ml Sahne

1. Die Gemüsebrühe zum Kochen bringen, die Polenta unter Rühren einrieseln lassen. 1 Minute aufkochen und dann ohne weitere Hitzezufuhr noch 5 Minuten nachziehen lassen. Zwischendurch umrühren.
2. Die Stange Lauch und die getrockneten Tomaten in feine Streifen schneiden. Das Öl erhitzen, das Gemüse darin anschwitzen und 3 Minuten garen. Mit Salz, Pfeffer, Paprika und Kurkuma kräftig würzen.
3. Die Sahne unterrühren. Dann die Gemüsemasse mit der Polenta mischen.

→ Variante

Für eine vegane Polentacreme die Sahne durch eine pflanzliche Alternative ersetzen.

→ Tipp

Dazu Blattsalat mit Joghurtdressing servieren.

→ Tipp

Direkt die doppelte Menge Polenta zubereiten und eine Hälfte in eine gefettete Auflaufform streichen für die Polentaecken mit Rataouille *→ Seite 159.*

Energie 435 kcal Fett 22 g Kohlenhydrate 46 g
Eiweiß 10 g Ballaststoffe 6 g

Polentaecken mit Ratatouille

800 ml Gemüsebrühe
200 g Polenta (Maisgrieß)
1 EL Olivenöl

1 Zwiebel
2 Paprikaschoten
400 g Tomaten
1 EL Olivenöl
200 g Zucchini
200 g Auberginen
2 EL Tomatenmark
Jodsalz, Pfeffer, Paprikapulver
2 EL gemischte italienische Kräuter

1. Die Gemüsebrühe zum Kochen bringen, die Polenta unter Rühren einrieseln lassen. 1 Minute aufkochen und dann ohne weitere Hitzezufuhr noch 5 Minuten nachziehen lassen. Zwischendurch umrühren.
2. Eine Auflaufform mit etwas Rapsöl einfetten, die Polenta einfüllen und glattstreichen. Die Oberfläche mit dem Öl einpinseln und unter dem Grill bei 200 °C etwa 5–7 Minuten bräunen.
3. Für das Ratatouille die Zwiebel, die Paprikaschoten und die Tomaten würfeln. Das Öl in einen Topf geben, erhitzen und die Zwiebel leicht anschwitzen. Die gewürfelten Paprikaschoten zugeben. Die Tomaten ebenfalls würfeln und zugeben. Alles 5 Minuten köcheln lassen.
4. In der Zwischenzeit die Zucchini und die Aubergine würfeln. Das Tomatenmark und 250 ml Wasser zugeben und aufkochen lassen. Die Zucchini- und Auberginenwürfel zugeben und das Gemüse weitere 5 Minuten köcheln lassen. Mit den Gewürzen abschmecken und zum Schluss die Kräuter untermischen.
5. Die Polenta in Ecken schneiden und mit dem Ratatouille servieren.

→ Tipp

Wenn etwas übrig bleibt: Polentaecken schmecken auch am nächsten Tag mit frischem Salat oder lassen sich als Pausensnack mitnehmen.

Energie 294 kcal Fett 6 g Kohlenhydrate 46 g
Eiweiß 9 g Ballaststoffe 7 g

Ofengemüse mit buntem Quarkdip

800 g Kartoffeln
200 g Pastinaken
1½ rote Paprikaschote
½ gelbe Paprikaschote
2 Zwiebeln
2 EL Olivenöl
Jodsalz, Paprikapulver, Pfeffer
2 Knoblauchzehen

400 g Magerquark
100 g Joghurt, 3,5 % Fett
1 Möhre
½ rote Paprikaschote
½ gelbe Paprikaschote
Jodsalz, Pfeffer, Paprikapulver
Petersilie, Schnittlauch und Dill,(frisch oder TK)

1. Die Kartoffeln und Pastinaken in Ecken schneiden. 1 ½ rote und ½ gelbe Paprikaschote grob würfeln, die Zwiebeln achteln. Alles in eine Schüssel geben.
2. Das Öl mit Salz, Paprika, etwas Pfeffer und den gepressten Knoblauchzehen verrühren und über das Gemüse geben.. Gut mischen, auf ein mit Backpapier ausgelegtes Blech geben und etwa 30 Minuten bei 180 °C Umluft backen.
3. Den Quark mit dem Joghurt verrühren. Die Möhre fein reiben, die restlichen Paprikaschoten fein würfeln. Das Gemüse unter den Quark heben. Mit den Gewürzen abschmecken und die gehackten Kräuter untermischen.

→ Tipp

Für dieses Gericht eignen sich so gut wie alle Gemüsesorten, zum Beispiel Kürbis, rote Bete, Rosenkohl, Süßkartoffeln, Möhren, Fenchel, Pilze, Steckrübe und viele mehr.

Energie 351 kcal Fett 7 g Kohlenhydrate 45 g
Eiweiß 22 g Ballaststoffe 8 g

VORRATSREZEPT
Tomatensoße

1 Zwiebel
1–2 Zehen Knoblauch nach Belieben
1 EL Olivenöl
500 g Tomatenwürfel (frisch und reif oder Tomatenstücke aus der Konserve)
Jodsalz, Pfeffer, italienische Kräuter
1 Prise Zucker
2 EL Sahne oder
20 g Frischkäse

1. Die Zwiebel und ggf. den Knoblauch fein würfeln.
2. Das Öl in einem Topf erhitzen und die Zwiebelwürfel darin anschwitzen.
3. Die Tomatenwürfel zugeben, mit den Gewürzen abschmecken und 5 Minuten leicht köcheln. Etwas Sahne oder Frischkäse unterrühren.

Wird die Soße zum Überbacken eines Gerichts genutzt, dann 100 ml Gemüsebrühe ergänzen, damit sie im Backofen nicht zu sehr eindickt.

→ Tipp

Die Tomatensoße lässt sich vielseitig verwenden. Man kann sie mit Nudeln essen, aber auch Fischfilet darin garziehen lassen, sie über Fleischbällchen oder Hähnchenfilet geben, mit Paprikastreifen zu Reis servieren oder auf Pizza verteilen. Es empfiehlt sich, die doppelte Menge zu kochen und die Hälfte einzufrieren.

Energie 84 kcal Fett 4 g Kohlenhydrate 8 g
Eiweiß 2 g Ballaststoffe 2 g

Pesto

1 Bund Petersilie oder Basilikum
1 EL gemahlene Mandeln
1 Knoblauchzehe
1 EL geriebener Parmesankäse
3 EL Olivenöl
3 EL Wasser
Jodsalz, Pfeffer

1. Die Kräuter waschen und putzen.
2. Mit den übrigen Zutaten in ein hohes Rührgerät geben und mit dem Pürierstab pürieren.
3. Das Pesto ist in einem verschlossenen Glas mehrere Tage im Kühlschrank haltbar.

Das Pesto passt zu Nudeln oder Gnocchi, als Brotaufstrich oder als Topping für eine Suppe oder einen Salat.
In einem schönen Glas überreicht, ist das Pesto ein leckeres Geschenk aus der eigenen Küche.

Helle Soße

2 EL Rapsöl
20 g Dinkelmehl
300 ml Milch, 3,5 % Fett, Pflanzendrink oder Gemüsewasser vom gerade frisch gekochten Gemüse
Jodsalz, Pfeffer, Sojasoße
evtl. frisch geriebene Muskatnuss

1. Das Öl in einem kleinen Topf erhitzen. Das Mehl dazugeben und kurz mit anrösten.
2. Den Topf vom Herd nehmen, die kalte Flüssigkeit aufgießen und mit einem Schneebesen glatt rühren. Dann wieder auf die Herdplatte setzen und bei großer Hitzezufuhr aufkochen lassen, dabei mit dem Schneebesen rühren, damit keine Klumpen entstehen. Einmal kräftig durchkochen und die Soße ist fertig.
3. Mit Salz, Pfeffer und einem Spritzer Sojasoße abschmecken, wenn gewünscht, noch etwas Muskatnuss dazugeben.

Die Soße passt zu vielerlei Gemüse, sie eignet sich auch für die Zubereitung eines Auflaufs. Mit Gemüse schmeckt sie zu Nudeln oder auch zu Fisch.

Energie 110 kcal Fett 8 g Kohlenhydrate 7 g
Eiweiß 3 g Ballaststoffe 0 g

Zwiebelsoße

5 Zwiebeln
20 g Butter oder Margarine
Jodsalz, Pfeffer, Paprikapulver, Cayennepfeffer
20 g Dinkelmehl
300 ml Gemüsebrühe
2 EL Sojasoße

1. Die Zwiebeln halbieren und in Streifen schneiden.
2. Die Butter oder Margarine in einem Topf erhitzen, die Zwiebeln zugeben, mit Salz, Pfeffer, Paprika und Cayenne würzen und bei mittlerer Hitze 10 Minuten dünsten.
3. Das Mehl darüberstreuen, leicht anschwitzen, dann den Topf von der Herdplatte nehmen, die Gemüsebrühe zugeben und glatt rühren.
4. Dann die Soße bei großer Hitzezufuhr aufkochen lassen, dabei mit dem Schneebesen rühren, damit keine Klumpen entstehen. Sojasoße zugeben, noch einmal kräftig durchkochen und abschmecken.

→ Tipp

Diese Soße passt zu Pellkartoffeln, Möhrengemüse oder Blumenkohl, zu Grillgemüse und zu gebratenem Schweine- oder Hähnchenfilet.

Energie 82 kcal Fett 5 g Kohlenhydrate 7 g
Eiweiß 2 g Ballaststoffe 1 g

VORRATSREZEPT
Hackfleischsoße

Ergibt 4 × 4 Portionen

500 g Zwiebeln
300 g Möhren
150 g Knollensellerie
2 EL Rapsöl
500 g Rindergehacktes
50 g Tomatenmark
Jodsalz, Pfeffer, Paprikapulver
500 g passierte Tomaten (Konserve)
500 g Tomatenwürfel (Alternativ: Konserve)
1 Prise Zucker
italienische Kräuter

1. Zwiebeln, Möhren und Knollensellerie fein würfeln.
2. Das Öl in einer großen Pfanne oder einem Topf erhitzen. Die gewürfelten Zwiebeln darin anschwitzen. Das Hackfleisch zugeben und kräftig anbraten. Das Tomatenmark kurz mit anschwitzen. Mit Salz, Pfeffer und Paprika würzen.
3. Wenn das Fleisch gebräunt ist, die passierten Tomaten, die Tomatenstücke und die Gemüsewürfel zugeben und die Soße 5–10 Minuten köcheln lassen.
4. Mit den Gewürzen, einer Prise Zucker und Kräutern abschmecken.

→ Tipps

Die Soße portionsweise einfrieren.
Diese Hackfleischsoße ist Basis für vielerlei:
Die Soße schmeckt zu Nudeln.
Mit Nudeln, 1 Dose Erbsen und noch etwas Käse wird im Ofen daraus ein Nudelauflauf.
Mit 1 Dose Kidneybohnen und 2 gewürfelten Paprikaschoten wird sie zu Chili.
Mit 3 gewürfelten und gedünsteten Paprikaschoten passt Reis dazu.
Oder sie wird für die Herstellung von Lasagne verwendet.

Energie 108 kcal Fett 6 g Kohlenhydrate 5 g
Eiweiß 8 g Ballaststoffe 2 g

Linsenbolognese

1 Zwiebel
2 Knoblauchzehen
1 Möhre
1 Chilischote
2 EL Olivenöl
1 EL Honig
150 g rote Linsen
500 g Tomatenstücke (frisch und reif oder aus der Konserve)
2 EL Tomatenmark
200 ml Gemüsebrühe
Salz, Pfeffer, Paprikapulver edelsüß, italienische Kräuter

1. Die Zwiebel und den Knoblauch fein würfeln. Die Möhre und die Chilischote ebenfalls in feine Würfel schneiden.
2. Das Öl erhitzen. Die Zwiebelwürfel, den Knoblauch, Möhre und die Chilischote anschwitzen, bis die Zwiebeln leicht gebräunt sind. Dann Honig und die gewaschenen Linsen zugeben und kurz mit anschwitzen.
3. Tomatenstücke, Tomatenmark und Gemüsebrühe zugeben, umrühren, würzen und 15 Minuten köcheln lassen.

Mit Nudeln und frischem Parmesankäse servieren.

→ **Tipp**

Bereiten Sie einfach die doppelte oder dreifache Menge zu und frieren Sie die überzähligen Portionen als Vorrat ein.

Energie 218 kcal Fett 6 g Kohlenhydrate 26 g
Eiweiß 11 g Ballaststoffe 7 g

Moussaka

800 g Kartoffeln
Jodsalz
250 g Rinderhack
250 g Zwiebeln
2 EL Tomatenmark
Jodsalz, Pfeffer, Thymian, Cayennepfeffer

200 g Tomaten
200 g Zucchini
400 g Auberginen

2 EL Rapsöl
30 g Dinkelmehl
400 ml Milch, 3,5 % Fett
Jodsalz, Pfeffer
1 Ei
2 EL Milch, 3,5 % Fett

1. Die Kartoffeln schälen, würfeln und in Salzwasser kochen. Mit einem kleinen Teil des Kochwassers stampfen. Das Rinderhack in einer Pfanne ohne Zugabe von Fett kräftig anbraten.
2. Die Zwiebeln würfeln und zugeben, anbraten und dann das Tomatenmark zugeben. Das Hackfleisch mit Salz, Pfeffer, Thymian und Cayennepfeffer kräftig abschmecken und dann in eine Auflaufform geben.
3. Das Gemüse in Scheiben schneiden und auf dem Hackfleisch verteilen.
4. Für die helle Soße das Öl in einem kleinen Topf erhitzen. Das Mehl dazugeben und kurz mit anschwitzen. Die kalte Milch aufgießen und mit einem Schneebesen glattrühren. Dann bei großer Hitzezufuhr aufkochen lassen, dabei mit dem Schneebesen rühren, damit keine Klumpen entstehen. Einmal kräftig durchkochen und mit Salz und Pfeffer abschmecken. Über das Gemüse gießen.
5. Die gestampften Kartoffeln auf das Gemüse schichten. Das Ei mit der Milch verquirlen und auf dem Kartoffelbrei verteilen. Die Moussaka etwa 40 Minuten bei 180 °C Umluft backen und im Anschluss daran noch 10 Minuten im heißen Ofen ziehen lassen.

Energie 503 kcal Fett 20 g Kohlenhydrate 50 g
Eiweiß 27 g Ballaststoffe 6 g

Pfannkuchen vom Blech

4 Eier
400 ml Milch, 3,5 % Fett
200 g Dinkelvollkornmehl
1 Prise Jodsalz
30 g Butter oder Margarine

1 Apfel
Zimt

20 g Lauchzwiebeln
100 g Tomaten
50 g geriebener Käse

1. In einer Schüssel die Eier mit wenig Milch verschlagen, Mehl und Salz zugeben und gut verrühren, bis eine zähe Masse entsteht. Dann so viel Milch zugeben, bis der Teig cremig ist. 10 Minuten ruhen lassen.
2. Den Backofen auf 200 °C Umluft vorheizen. Den Boden zweier (großer) Auflaufformen mit der Butter oder Margarine einfetten.
3. Die Äpfel schälen, entkernen und in Spalten schneiden. Die Apfelspalten in einer Auflaufform verteilen, mit Zimt bestreuen und im Backofen 5 Minuten vorbacken. Die Hälfte des Pfannkuchenteigs darüber gießen.
4. Die Lauchzwiebel in Ringe und die Tomate in dünne Scheiben schneiden. Den restlichen Teig in die zweite Form geben und darauf Lauchringe, Tomatenscheiben und geriebenen Käse verteilen.
5. Die Pfannkuchen gleichzeitig etwa 15–20 Minuten im Backofen backen, bis sie goldbraun sind. Die Backzeit variiert je nach Dicke des Pfannkuchens.

→ **Tipp**

Wer die Pfannkuchen nacheinander backt, kann den pikanten Pfannkuchen als Hauptspeise und die süße Variante als Nachtisch nehmen.

Energie 449 kcal Fett 19 g Kohlenhydrate 47 g
Eiweiß 20 g Ballaststoffe 3 g

Reisbratlinge

450 g Vollkornreis (gekocht)
2 rote Zwiebeln (oder 80 g Frühlingszwiebeln)
100 g Möhren
100 g Zucchini oder Auberginen
100 g geriebener Käse
2 EL gehackte Minzblätter
30 g Haferflocken
Salz, Pfeffer, Paprikapulver
3 Eier
3 EL Milch, 3,5 % Fett
8 EL Öl zum Braten

1. Den kalten gekochten Reis in eine Schüssel geben. Die Zwiebeln würfeln (oder in feine Ringe schneiden), das Gemüse reiben und mit dem Käse zu dem Reis geben. Die Minzblätter waschen, trocknen und fein hacken, jetzt die Haferflocken untermischen und die Masse kräftig würzen.
2. Zum Schluss die Eier verquirlen, die Milch unterrühren und gut unter die Reismasse mischen.
3. Die Masse esslöffelweise in heißem Öl von beiden Seiten goldbraun braten.

→ **Tipp**

Anstelle der oben genannten Gemüsesorten lassen sich auch Erbsen aus dem Glas, kleine Blumenkohl- und/oder Brokkoliröschen, Kohlrabi oder Chinakohl verarbeiten.

→ **Tipp**

Wenn Sie Reis als Beilage planen, kochen Sie direkt die doppelte Menge. Aus dem übrigen Reis bereiten Sie die Reisbratlinge zu. 180 g trockener Reis ergibt 450 g gekochten Reis.

Energie 504 kcal Fett 31 g Kohlenhydrate 39 g
Eiweiß 16 g Ballaststoffe 3 g

Lachsauflauf mit grünem Spargel

4 Streifen Lachsfilet, je 125 g (TK)
600 g grüner Spargel
2 EL Rapsöl
30 g Dinkelmehl
300 ml Milch, 3,5 % Fett
Jodsalz, Pfeffer, Zitronensaft

1. Das gefrorene Lachsfilet in eine Auflaufform legen.
2. Den Spargel putzen, in 4–5 cm lange Stücke schneiden und um das Lachsfilet verteilen.
3. Das Öl erhitzen, darin das Mehl anschwitzen und mit der Milch ablöschen. Unter Rühren aufkochen lassen und die Soße kräftig mit Salz, Pfeffer und etwas Zitronensaft abschmecken.
4. Die Soße über den Fisch geben und im Backofen bei 170 °C Umluft 20 Minuten backen.
5. Dazu passen Kartoffeln oder Bandnudeln und Salat.

Alternativ zum Spargel: Spitzkohl oder Brokkoliröschen (Brokkoli 5 Minuten in wenig Wasser dünsten).

Energie 376 kcal Fett 22 g Kohlenhydrate 12 g
Eiweiß 31 g Ballaststoffe 2 g

Kartoffel-Spitzkohl-Eintopf

500 g Spitzkohl
600 g Kartoffeln
400 g Tomaten
2 Zwiebeln
2 EL Rapsöl
600 ml Gemüsebrühe
Salz, Pfeffer
1 Prise Zucker
40 g Tomatenmark
50 ml Sahne

1. Den Spitzkohl in Streifen schneiden. Die Kartoffeln, Tomaten und Zwiebel würfeln. Das Öl in einem Topf erhitzen und die gewürfelte Zwiebel leicht darin anschwitzen. Die Kartoffelwürfel zugeben.
2. Mit etwa 600 ml Gemüsebrühe aufgießen, mit den Gewürzen abschmecken.
3. Nach etwa 5 Minuten den Spitzkohl und nach weiteren 5 Minuten die Tomatenwürfel zugeben. Tomatenmark und Sahne unterrühren und noch einmal abschmecken.

Dazu Vollkornbaguette servieren.

Anstelle des Spitzkohls bunte Paprikaschoten nehmen.

Gartengemüseauflauf

600 g Kartoffeln
400 g Kohlrabi (oder Möhren, Lauch, Kürbis, Spitzkohl)
300 g Brokkoli (oder Blumenkohl, Bohnen)
2 EL Rapsöl
20 g Dinkelvollkornmehl
300 ml Milch, 3,5 % Fett
30 g Tomatenmark
Jodsalz, Pfeffer, frisch gemahlen, Paprika
125 g Mozzarella

1. Die Kartoffeln schälen und in dünne Scheiben schneiden. Kohlrabi putzen und in Scheiben schneiden. Den geputzten Brokkoli in kleine Röschen unterteilen und die Stiele in Scheiben schneiden.
2. Eine Auflaufform mit wenig Öl einfetten. Die Kartoffelscheiben in die Form schichten. Darauf die Kohlrabischeiben geben und zum Schluss den Brokkoli darauf verteilen.
3. In einem kleinen Topf das Öl erhitzen, das Mehl mit einem Schneebesen einrühren, Milch zugeben und unter Rühren aufkochen lassen. Das Tomatenmark unterrühren und mit den Gewürzen kräftig abschmecken. Die Soße über das Gemüse verteilen. Den Mozzarella grob reiben und darüberstreuen.
4. Bei 170°C Umluft ca. 1 Stunde backen.

→ **Tipp**

Wenn das Gemüse vorgekocht wird, verkürzt sich die Backzeit auf 20 Minuten. Dafür die Kartoffelscheiben 10 Minuten in wenig Wasser kochen, die Kohlrabischeiben und auch den Brokkoli jeweils 5 Minuten.

Energie 348 kcal Fett 15 g Kohlenhydrate 36 g
Eiweiß 15 g Ballaststoffe 5 g

Curry-Fisch mit Lauch

400 ml Kokosmilch
2 TL Currypulver
Jodsalz, Pfeffer, Paprikapulver
1 reife Banane
600 g Fischfilet
400 g Lauch (frisch oder TK)
600 g Kartoffeln in Scheiben

1. Die Kokosmilch und die Gewürze in einen Topf geben und kräftig abschmecken. Die Banane schälen und in kleinen Würfeln zugeben.
2. Den Lauch putzen, in Ringe schneiden und zur Hälfte in den Topf geben, darauf den Fisch legen. Diesen mit Lauch bedecken und mit Kartoffelscheiben belegen.
3. Mit Deckel zum Kochen bringen und etwa 15– 20 Minuten garziehen lassen.

→ **Tipp**
Dazu passt ein grüner Salat.

Vegetarisch grillen

Kartoffelspieße

2 EL Rapsöl
Jodsalz, Pfeffer, Paprikapulver
400 g Kartoffeln (Drillinge)
200 g Champignons
200 g Schalotten

1. Das Öl mit den Gewürzen mischen
2. Die Kartoffeln abbürsten und 12–15 Minuten in Salzwasser kochen, sie sollten gar sein.
3. Die Champignons putzen, ggf. halbieren, die Zwiebeln schälen und in 2–3 cm dicke Scheiben schneiden.
4. Das Gemüse und die Kartoffeln auf Spieße stecken, mit der Gewürzmischung bepinseln und 8–10 Minuten grillen.

Energie 147 kcal Fett 5 g Kohlenhydrate 18 g Eiweiß 5 g Ballaststoffe 3 g

Blumenkohlspieße

2 EL Rapsöl
Jodsalz, Pfeffer, Cayennepfeffer
1 EL Limettensaft
2 EL Barbecuesoße
½ Blumenkohl

1. Das Öl mit Gewürzen, Limettensaft und Barbecuesoße zu einem Dressing verarbeiten.
2. Die Blumenkohlrosen auf Metallspieße stecken, mit dem Dressing bepinseln und je nach Größe 10–15 Minuten grillen.

Energie 71 kcal Fett 5 g Kohlenhydrate 3 g Eiweiß 1 g Ballaststoffe 2 g

Zucchinipäckchen mit Feta

2 große Zucchini
200 g Feta
Oregano
frisch gemahlener Pfeffer
2 EL Olivenöl
Bindfaden

1. Die Zucchini waschen und die Enden abschneiden, dann längs in dünne Scheiben schneiden. Dies geht besonders gut mit einem breiten Sparschäler.
2. Den Feta würfeln (je nach Breite der Zucchini etwa 2 × 2 bis 3 × 3 cm) und mit Oregano und Pfeffer bestreuen.
3. Jeweils einen Fetawürfel in 2 Zucchinischeiben „einpacken", verschnüren, mit etwas Olivenöl beträufeln und grillen.

Energie 203 kcal Fett 17 g Kohlenhydrate 2 g
Eiweiß 9 g Ballaststoffe 1 g

Gegrilltes Gemüse

3 EL Rapsöl
3 Knoblauchzehen
2 TL italienische Kräuter
Jodsalz, Pfeffer, Chilipulver
1 TL Ahornsirup
1 Bund Lauchzwiebeln
2 Paprikaschoten
4 Möhren
150 g Zuckerschoten

1. Das Öl mit Knoblauch, Gewürzen und Ahornsirup mischen.
2. Lauchzwiebeln in 4–5 cm lange Stücke schneiden. Die Paprikaschoten in mundgerechte Stück schneiden, und die Möhren je nach Dicke längs vierteln oder halbieren und auch in 4–5 cm lange Stücke schneiden. Die Zuckerschoten ggf. halbieren.
3. Das ganze Gemüse in eine Schüssel geben und mit dem Gewürzöl mischen. Wenn möglich, vor dem Grillen noch 1–2 Stunden marinieren lassen.
4. Das Gemüse in einen Grillkorb geben und bei nicht zu großer Hitze grillen. Alternativ in einer Edelstahlform auf den Grill stellen.

Energie 147 kcal Fett 5 g Kohlenhydrate 18 g
Eiweiß 5 g Ballaststoffe 3 g

Fladenbrot vom Grill

Ergibt 10 Stück
½ Würfel Hefe
150 ml handwarmes Wasser
1 TL Jodsalz
1 TL Oregano
1 TL Zucker
400 g Dinkelvollkornmehl
2 EL Rapsöl

1. Die Hefe in dem warmen Wasser auflösen. Zuerst die Gewürze und dann das Mehl unterrühren und den Teig etwa 5 Minuten gut durchkneten.
2. Aus dem Teig 10 gleichgroße Stücke abnehmen, diese zuerst zu einer Kugel formen, mit ein paar Tropfen Öl benetzen und dann flachdrücken. Jedes Fladenbrot sollte etwa handtellergroß sein.
3. Auf einer Kuchenplatte noch 10–15 Minuten ruhen lassen (vorsichtig: nicht aufeinanderlegen und weit auseinanderlegen, der Teig geht auf).
4. Die Brotfladen auf den Grill legen und von beiden Seiten 3–5 Minuten grillen.

Energie 203 kcal Fett 17 g Kohlenhydrate 2 g
Eiweiß 9 g Ballaststoffe 1 g

Knoblauchbaguette

3 EL Olivenöl
2 Knoblauchzehen
Salz, Pfeffer
Ggf. Kräuter der Provence
12 Baguettescheiben

1. Das Öl mit den gepressten Knoblauchzehen und den Gewürzen mischen und mit einem kleinen Löffel auf den Brotscheiben verteilen.
2. Im Backofen 2–3 Minuten bei Oberhitze backen oder grillen.

→ **Tipp**

Zur Verwendung von altem Brot/Brötchen und Baguette gut geeignet.

Energie 242 kcal Fett 9 g Kohlenhydrate 34 g
Eiweiß 6 g Ballaststoffe 2 g

Gegrilltes Obst als Dessert

Ananas

Ergibt 8 Portionen
1 Ananas
Vanille, Zimt und Nelkenpulver

1. Von der Ananas die Spitze und das Ende abschneiden. Dann die Ananas mit der Schale längs erst halbieren, dann vierteln und zuletzt in Achtel schneiden.
2. Mit Vanille, Zimt und wenig Nelkenpulver bestreuen und die Ananas-Schiffchen insgesamt etwa 15 Minuten grillen, dabei zuerst das Fruchtfleisch und zuletzt die Seite mit der Schale auf den Grill legen.

→ **Tipp**
Auch wenn der mittlere Strunk der Ananans oft weggeschnitten wird, kann er grundsätzlich mitgegessen werden. Wem er zu hart oder zu faserig ist, der kann ihn auch entfernen.

Energie 54 kcal Fett 0 g Kohlenhydrate 12 g
Eiweiß 0 g Ballaststoffe 1 g

Bananen

4 Bananen
4 TL Mandelblätter
Zimt

1. Die Banane mit Schale auf den Grill legen, bis sie schwarz ist. Dann mit einem scharfen Messer oben aufschneiden.
2. Etwas Zimt und die Mandelblätter aufstreuen, noch 1–2 Minuten ziehen lassen und dann die Banane „auslöffeln".

Energie 109 kcal Fett 3 g Kohlenhydrate 17 g
Eiweiß 2 g Ballaststoffe 2 g

Wassermelone mit Feta

100 g Feta
½ Limette
1 EL Limettensaft
1 EL gehackte Minze
1 EL Olivenöl
4 Scheiben Wassermelone (je nach Größe)
10 Minzblätter

1. Den Feta würfeln, die ½ Limette in dünne Scheiben schneiden, die andere Hälfte auspressen. Den Feta mit dem Limettenscheiben in ein Schälchen geben, gehackte Minze, Öl und Limettensaft unterrühren und am besten über Nacht im Kühlschrank durchziehen lassen.
2. Die Wassermelonenscheiben vierteln und die Melonenecken von beiden Seiten grillen. Auf die Melonenscheibe etwas Feta und 2 Minzblätter geben.

→ Tipp
Wer es lieber süß mag, kann jeweils 1 EL Vanilleeis anstelle des Schafskäses auf die Melonenscheibe setzen.

Energie 150 kcal Fett 9 g Kohlenhydrate 10 g
Eiweiß 5 g Ballaststoffe 3 g

Birnen

4 Birnen
200 g Joghurt, 3,5 % Fett
2 TL Honig

1. Die Birnen waschen, halbieren und entkernen. Die Birnenhälften bei leichter Hitze etwa 10–15 Minuten grillen.
2. Den Joghurt mit dem Honig verrühren und zu den gegrillten Birnen servieren.

Energie 109 kcal Fett 2 g Kohlenhydrate 18 g
Eiweiß 3 g Ballaststoffe 3 g

Bratwurstspieße

Ergibt 2–3 Spieße pro Person
8 Mini-Bratwürste (Nürnberger Bratwürstchen oder Geflügelwürstchen, je 20–25 g)
1 Kohlrabi
½ Blumenkohl
400 g Brokkoli (frisch oder TK)
2 EL Rapsöl
Jodsalz, Pfeffer, Paprikapulver

1. Die Bratwürste je nach Größe dritteln oder vierteln. Das Gemüse waschen, putzen und in mundgerechte Stücke schneiden.
2. Die Kohlrabi 4–5 Minuten, Blumenkohl und Brokkoli nur 2–3 Minuten dünsten, das Gemüse soll noch bissfest sein. Die Zutaten im Wechsel aufspießen und würzen.
3. Das Öl in der Pfanne erhitzen und die Spieße etwa 10 Minuten rundherum anbraten oder mit dem Öl einpinseln und für 10–12 Minuten bei 180 °C Umluft backen. Die Spieße können auch gegrillt werden.

Mit Kartoffelbrei servieren. Dazu passt auch die Zwiebelsoße → Seite 164.

Energie 146 kcal Fett 7 g Kohlenhydrate 5 g
Eiweiß 13 g Ballaststoffe 5 g

Hähnchentopf

2 Zwiebeln
2 EL Rapsöl
300 g Hähnchenbrust
Salz, Pfeffer, Paprika, Curry
200 g Möhren
240 g Kichererbsen (Konserve, abgetropft)
200 ml Sahne oder Kokosmilch
200 g Zucchini
25 g Mandelmus

1. Die Zwiebeln würfeln. Das Öl in einem Topf erhitzen und die Zwiebeln darin anschwitzen.
2. Die Hähnchenbrust in Streifen schneiden, dazugeben und leicht anbraten. Mit Salz, Pfeffer, Paprika und Curry würzen. Die Möhren in Streifen schneiden, mit den Kichererbsen in den Topf geben und beides leicht mit anschwitzen.
3. Die Sahne sowie 100 ml Wasser zugeben und alles 5 Minuten köcheln lassen.
4. Die Zucchini in Streifen schneiden, dazugeben und in 5 Minuten garziehen lassen. Das Mandelmus unterrühren. Mit den Gewürzen nochmals abschmecken.

Dazu Reis oder Bandnudeln servieren.

Energie 432 kcal Fett 27 g Kohlenhydrate 19 g
Eiweiß 26 g Ballaststoffe 5 g

Schlemmerfilet

600 g Fischfilet
(frisch oder gefroren)
3 EL Senf
3 EL Rapsöl
3 EL Wasser
2 EL Zitronensaft
60 g geriebener
Parmesan
60 g gemahlene
Mandeln
30 g Paniermehl
30 g italienische Kräuter
(tiefgekühlt)
Jodsalz, Pfeffer,
Paprikapulver

1. Eine Auflaufform mit Öl bepinseln und den Fisch mittig hineinlegen.
2. In einer Schüssel alle übrigen Zutaten vermengen und kräftig würzen, dann die Knusperschicht auf die Fischfilets geben.
3. Die Filets für 25 Minuten bei 200 °C Ober-/Unterhitze in den Ofen geben, die obere Schicht soll knusprig und gebräunt sein.

→ **Tipp**

Dazu passen Salzkartoffeln und ein Gurkensalat.

Energie 374 kcal Fett 21 g Kohlenhydrate 8 g
Eiweiß 37 g Ballaststoffe 3 g

Desserts

Express-Eissplittertorte

Ergibt 10 Portionen

200 g Baiser
150 g Schokolade (Blockschokolade)
200 ml süße Sahne
200 g Magerquark
100 g Joghurt, 3,5 % Fett

1. Baiser grob zerkleinern, Schokolade grob raspeln (nicht mahlen).
2. Die Sahne schlagen, Quark und Joghurt unterrühren.
3. Wenn die Zutaten fertig vorbereitet sind, ganz schnell in einer sehr großen Schüssel mischen. Dauert das Mischen zu lange, weicht das Baiser auf.
4. Die Masse in eine Springform oder in kleine Schälchen füllen und sofort einfrieren. Es dauert 5–6 Stunden, bis die Torte gefroren ist.

→ Tipp

Anstelle von Blockschokolade können Sie auch Restbestände von Schokoladennikoläusen oder Osterhasen verwenden. Dafür die Schokolade in einen Gefrierbeutel oder verschließbare Plastiktüte geben und zunächst mit der Hand erst grob und dann mit einer Teigrolle fein zerkleinern.

Energie 228 kcal Fett 10 g Kohlenhydrate 28 g
Eiweiß 5 g Ballaststoffe 1 g

Erdbeercrumble

80 g Butter oder Margarine
40 g Zucker
1 Msp. gemahlene Vanille
120 g Dinkelvollkornmehl
250 g Erdbeeren

1. Die Butter oder Margarine mit Zucker, Vanille und Dinkelmehl zu einer krümeligen Streuselmasse verarbeiten.
2. Die Erdbeeren je nach Größe halbieren oder vierteln und in eine Auflaufform geben, die Streusel darüber verteilen.
3. Bei 180 °C Umluft ca. 30 Minuten backen, bis die Streusel goldbraun sind.

→ **Tipp**

Lauwarm mit Vanillesoße *→ Seite 192* *servieren. Schmeckt auch mit Apfel, Birnen oder Blaubeeren.*

Energie 316 kcal Fett 17 g Kohlenhydrate 34 g
Eiweiß 4 g Ballaststoffe 2 g

Mangocreme

Ergibt 6 Portionen

600 ml Multivitaminsaft
20 g Zucker
1 Msp. gemahlene Vanille
1 Pck. Puddingpulver Vanille, zum Kochen
250 g Magerquark
1 Mango

1. Aus dem Fruchtsaft, Zucker, Vanille und Puddingpulver entsprechend der Anweisung einen Pudding kochen. Abkühlen lassen. Den Quark unterrühren.
2. Die Mango schälen, das Fruchtfleisch klein schneiden und unter die Creme ziehen.

→ **Tipp**

Schmeckt auch mit Orangensaft gut, eignet sich hervorragend, um aus Fruchtsaft, den man nicht trinken mag, einen Nachtisch zuzubereiten.

Energie 112 kcal Fett 0 g Kohlenhydrate 20 g
Eiweiß 6 g Ballaststoffe 0 g

Quark-Aprikosen-Auflauf

Ergibt 4 Portionen als süßes Hauptgericht, 8–10 Portionen als Dessert

500 g Aprikosenkompott (300 g Frucht, 200 g Saft)
3 Eier
750 g Magerquark
60 g Grieß
60 g Zucker
½ Pck. Backpulver
10 g Butter oder Margarine, zerlassen
10 g Speisestärke

1. Die Aprikosen in einem Sieb gut abtropfen lassen, den Fruchtsaft auffangen. Die Eier trennen, Quark, Eigelb, Grieß, Zucker und Backpulver sorgfältig miteinander verrühren. Eiweiß steif schlagen und unterheben.
2. Eine Auflaufform mit Butter oder Margarine einfetten. Die Hälfte der Quarkmasse in die Form geben. Die Aprikosen auf dem Quark verteilen, mit dem restlichen Quark bedecken. Mit der zerlassenen Butter oder Margarine beträufeln.
3. Auf der untersten Schiene im Backofen 45 Minuten bei 160 °C Umluft backen.
4. Den Fruchtsaft mit der Speisestärke verrühren und aufkochen lassen, die Soße zum Auflauf servieren.

→ **Tipp**

Schmeckt auch mit anderen Obstsorten wie Kirschen oder Stachelbeeren.

Energie 400 kcal Fett 7 g Kohlenhydrate 48 g
Eiweiß 33 Ballaststoffe 2 g

Schneller Tassenkuchen

120 g Dinkelmehl
60 g Zucker
10 g Kakaopulver, stark entölt
1 TL Backpulver
1 TL Zimt
125 ml Milch, 3,5 % Fett
50 ml neutrales Pflanzenöl

1. Alle trockenen Zutaten in eine Schüssel geben und mischen. Mit einem Kochlöffel erst die Milch und schließlich das Öl unterrühren.
2. Den Teig in vier Tassen (Füllmenge 200 ml) füllen und bei 800 Watt für 3 Minuten in die Mikrowelle geben – oder bei 180 °C (Umluft) für ca. 10 –12 Minuten in den Backofen schieben.

Energie 306 kcal Fett 14 g Kohlenhydrate 38 g
Eiweiß 5 g Ballaststoffe 2 g

Zimtschnecken

Ergibt 6 Portionen

Für den Teig:
175 ml Milch, 3,5 % Fett, lauwarm
25 g Butter oder Margarine
1 Ei
1 EL Zucker
1 Pck. Puddingpulver Vanille
1 Pck. Trockenhefe
300 g Dinkelmehl

Für die Füllung:
40 g weiche Butter oder Margarine
40 g brauner Zucker
2 TL Zimt

1. Die Milch erwärmen, darin die Butter oder Margarine schmelzen und unter die lauwarme Milch das Ei rühren. Mit Zucker, Puddingpulver, Trockenhefe und Mehl zu einem glatten Hefeteig kneten. Den Teig 10 Minuten ruhen lassen.
2. Ein Stück Frischhaltefolie auf die Arbeitsplatte legen, diese leicht bemehlen und darauf den Teig etwa 0,5 cm dick zu einem großen Rechteck ausrollen. Die Butter oder Margarine schmelzen, Zucker und Zimt unterrühren und die Mischung auf dem Teig verteilen. Von der längeren Seite aufrollen.
3. Mit einem sehr scharfen Messer in etwa 2 Zentimeter dicke Scheiben schneiden, in eine Auflaufform setzen, dabei zwischen den Scheiben ein bis zwei Zentimeter Abstand lassen. Die Zimtrollen noch einmal 20 Minuten zugedeckt an einem warmen Ort gehen lassen.
4. Bei 180 °C Umluft etwa 15 bis 20 Minuten backen, dabei gehen die Zimtrollen auf und kleben aneinander. Wer die Zimtrollen einzeln mag, legt sie mit einem größeren Abstand auf ein Backblech.

→ **Tipp**

Dazu passt Vanillesoße → *Seite 192.*

Energie 349 kcal Fett 12 g Kohlenhydrate 51 g
Eiweiß 9 g Ballaststoffe 2 g

Vanillesoße

300 ml Milch, 3,5 % Fett
12 g Vanillepudding-pulver oder Speisestärke
15 g Zucker
2 Msp. gemahlene Vanille

1. 3–4 Esslöffel von der kalten Milch in ein kleines Schälchen geben und darin das Puddingpulver oder die Speisestärke glattrühren.
2. Die übrige Milch in einen Topf geben, Zucker und gemahlene Vanille zugeben. Die Milch langsam zum Kochen bringen und vom Herd nehmen. Mit einem Schneebesen das angerührte Puddingpulver oder die Speisestärke unter die heiße Milch rühren. Nun wieder auf die Herdplatte setzen und unter Rühren aufkochen lassen.
3. Die Soße unter gelegentlichem Rühren erkalten lassen oder warm servieren.

 **Tipp**

Die Vanillesoße zu den Zimtschnecken, zu Kompott oder zum Erdbeercrumble servieren.

Energie 75 kcal Fett 3 g Kohlenhydrate 10 g
Eiweiß 3 g Ballaststoffe 0 g

Fruchtsoße

150 g Obst
(z. B. Kirschen, Erdbeeren, Blaubeeren, Apfel, Birne)
250 ml Obstsaft
(z. B. Kirschsaft zu Kirschen oder Blaubeeren, Apfel- oder Orangensaft)
10 g Speisestärke oder Puddingpulver

1. Das Obst putzen und in Stücke schneiden. 3–4 Esslöffel Fruchtsaft in ein kleines Schälchen geben und darin das Stärkemehl oder Puddingpulver glatt rühren.
2. Den übrigen Fruchtsaft mit dem Obst in einen Topf geben und das Obst je nach Größe etwa 3–5 Minuten köcheln, bis es weich ist. Dann vom Herd nehmen.
3. Mit einem Kochlöffel die angerührte Speisestärke oder das Puddingpulver unter die Mischung rühren. Nun nochmals unter Rühren aufkochen lassen.
4. Die Soße unter gelegentlichem Rühren erkalten lassen oder warm servieren.

→ **Tipp**
Mit 1 EL Zucker, Vanille, Zimt, geriebene Orangenschale oder etwas Zitronensaft abschmecken.

→ **Tipp**
Ist kein frisches Obst vorhanden, eignen sich auch gefrorene Früchte oder gekochtes Kompott. Bei Kompott den Saft einer Schüssel auffangen. Mit 3–4 EL Saft die Stärke glatt rühren. Den restlichen Fruchtsaft aufkochen lassen. Anschließend das Stärkegemisch einrühren, unter Rühren aufkochen lassen und die abgetropften (und evtl. zerkleinerten) Früchte zugeben und vorsichtig unterrühren. Gefrorene Früchte unbedingt mit aufkochen.

ℹ Energie 67 kcal Fett 0 g Kohlenhydrate 15 g
Eiweiß 1 g Ballaststoffe 1 g

Quarkküchlein

Ergibt 15 Stück

2 Eier
250 g Magerquark
4 EL Milch, 3,5 % Fett
100 g Dinkelvollkornmehl
1 Msp. geriebene Bio-Orangenschale
20 g Zucker
4 EL Sonnenblumenöl
2 EL Puderzucker

1 Glas Sauerkirschen (Füllmenge 680 g)
15 g Speisestärke
1 Msp. geriebene Orangenschale

1. Das Eiweiß vom Eigelb trennen und zu Schnee schlagen.
2. In einer zweiten Schüssel die Eigelbe mit Quark, Milch, Dinkelvollkornmehl, Orangenschale und Zucker verrühren. Den Eischnee unterheben.
3. Etwas Öl in eine Pfanne geben, erhitzen und nach und nach Quarkküchlein backen. Mit dem Puderzucker bestreuen.
4. Die Kirschen abtropfen und den Saft in einem Topf auffangen, davon 3–4 EL abnehmen und in ein Schälchen geben, darin die Stärke glatt rühren. Den restlichen Fruchtsaft aufkochen lassen. Anschließend das Stärkegemisch einrühren, unter Rühren aufkochen lassen und die abgetropften Kirschen zugeben, vorsichtig unterrühren.

Energie 466 kcal Fett 14 g Kohlenhydrate 64 g
Eiweiß 17 g Ballaststoffe 2 g

Vanillehörnchen

Ergibt 8 Stück

100 g Magerquark
1 EL Milch, 3,5 % Fett
1 EL Rapsöl
2 Msp. gemahlene Vanille
40 g Zucker
1 Ei
200 g Dinkelvollkornmehl
½ Pck. Backpulver
2 EL Butter oder Margarine
1 EL Vanillezucker

1. Quark, Milch, Öl, Vanille, Zucker und das Ei mit einander verrühren. Das Mehl mit dem Backpulver mischen und unterrühren.
2. Den Teig 10 Minuten ruhen lassen und auf einer bemehlten Fläche kreisförmig etwa 0,5 cm dick ausrollen. Den Kreis in 8 Tortenstücke schneiden und dann die einzelnen Tortenstücke bis zur Spitze aufrollen und zu einem Hörnchen krümmen.
3. Die Hörnchen auf einem mit Backpapier ausgelegtem Backblech verteilen.
4. Die Butter oder Margarine schmelzen, Vanillezucker unterrühren und damit die Hörnchen bepinseln.
5. Bei 180 °C Umluft in etwa 10–12 Minuten goldbraun backen.

→ **Tipp**

Die Hörnchen schmecken auch zum Frühstück gut, dafür die Hörnchen am Vorabend zubereiten, im Kühlschrank aufbewahren und am Morgen frisch backen.

Pro Hörnchen:
Energie 163 kcal Fett 4 g Kohlenhydrate 24 g
Eiweiß 6 g Ballaststoffe 1 g

VORRATSREZEPT
Haferflockenknusperkekse

Ergibt 36 Stück

100 g Butter oder Margarine
80 g Zucker
3 EL Milch, 3,5 % Fett, oder Haferdrink
1 Msp. gemahlene Vanille
1 Ei
1 TL Zimt
½ Pck. Backpulver
100 g Haselnussblätter
150 g Haferflocken, zart

1. Butter oder Margarine, Zucker und Milch bzw. Haferdrink schaumig rühren.
2. Erst Vanille und Ei, Zimt und Backpulver unterrühren und dann Haselnussblätter und Haferflocken unterziehen.
3. Mit einem Löffel 36 kleine Teighäufchen auf ein mit Backpapier ausgelegtes Backblech geben und bei 180 °C Umluft 12–15 Minuten backen. Auf dem Blech abkühlen lassen, damit sie nicht brechen.

Pro Keks:
Energie 67 kcal Fett 5 g Kohlenhydrate 5 g
Eiweiß 1 g Ballaststoffe 1 g

Mandelmuffins

Ergibt 12 Stück

125 g Butter oder Margarine
80 g Zucker
2 Eier
4 EL Milch, 3,5 % Fett, oder Mandeldrink
150 g Dinkelvollkornmehl
200 g gemahlene Mandeln
1 Msp. abgeriebene Bio-Orangenschale

1. Butter oder Margarine, Zucker und Eier cremig rühren, der Zucker sollte sich aufgelöst haben.
2. Die Milch oder den Mandeldrink unterrühren. Mehl, Mandeln und Orangenschale mischen und nach und nach unter die Masse rühren.
3. Den Teig auf die Muffinförmchen verteilen und bei 180 °C Umluft 12–15 Minuten backen.

→ **Wichtig!**
Für die Herstellung der abgeriebenen Orangenschale nur Bio-Orangen verwenden und diese zuvor gründlich abwaschen

Pro Muffin:
Energie 265 kcal Fett 19 g Kohlenhydrate 17 g
Eiweiß 7 g Ballaststoffe 2 g

Anhang

→ Adressen

→ Register nach Hauptzutaten

→ Stichwortverzeichnis

→ Bildnachweis

→ Impressum

Adressen

Verbraucherzentrale Baden-Württemberg e. V.
Telefon: 07 11/66 91-10
www.verbraucherzentrale-bawue.de

Verbraucherzentrale Bayern e. V.
Telefon: 0 89/5 39 87-0
www.verbraucherzentrale-bayern.de

Verbraucherzentrale Berlin e. V.
Telefon: 0 30/2 14 85-0
www.verbraucherzentrale-berlin.de

Verbraucherzentrale Brandenburg e. V.
Telefon: 03 31/2 98 71-0
www.verbraucherzentrale-brandenburg.de

Verbraucherzentrale Bremen e. V.
Telefon: 04 21/1 60 77-7
www.verbraucherzentrale-bremen.de

Verbraucherzentrale Hamburg e. V.
Telefon: 0 40/2 48 32-0
www.vzhh.de

Verbraucherzentrale Hessen e. V.
Telefon: 0 69/97 20 10-900
www.verbraucherzentrale-hessen.de

Verbraucherzentrale Mecklenburg-Vorpommern e. V.
Telefon: 03 81/2 08 70-50
www.verbraucherzentrale-mv.eu

Verbraucherzentrale Niedersachsen e. V.
Telefon: 05 11/9 11 96-0
www.verbraucherzentrale-niedersachsen.de

Verbraucherzentrale Nordrhein-Westfalen e. V.
Telefon: 02 11/38 09-0
www.verbraucherzentrale.nrw

Verbraucherzentrale Rheinland-Pfalz e. V.
Telefon: 0 61 31/28 48-0
www.verbraucherzentrale-rlp.de

Verbraucherzentrale Saarland e. V.
Telefon: 06 81/5 00 89-0
www.verbraucherzentrale-saarland.de

Verbraucherzentrale Sachsen e. V.
Telefon: 03 41/69 62 90
www.verbraucherzentrale-sachsen.de

Verbraucherzentrale Sachsen-Anhalt e. V.
Telefon: 03 45/2 98 03-29
www.verbraucherzentrale-sachsen-anhalt.de

Verbraucherzentrale Schleswig-Holstein e. V.
Telefon: 04 31/5 90 99-0
www.verbraucherzentrale.sh

Verbraucherzentrale Thüringen e. V.
Telefon: 03 61/5 55 14-0
www.vzth.de

Verbraucherzentrale Bundesverband e. V.
Telefon: 0 30/2 58 00-0
www.vzbv.de

Register nach Hauptzutaten

A/B

Ananas
Vegetarisch grillen 175
Apfel
Guten-Morgen-Müsli 119
Pfannkuchen vom Blech 168
Aprikose
Quark-Aprikosen-Auflauf 188
Aubergine
Bulgur-Gemüsepfanne 146
Moussaka 167
Polentaecken mit Ratatouille 159
Banane
Curry-Fisch mit Lauch 174
Vegetarisch grillen 175
Baiser
Express-Eissplittertorte 185
Basilikum
Pesto 162
Blumenkohl
Vegetarisch grillen 175
Brokkoli
Bratwurstspieße 180
Brokkoli-Schmand-Suppe 132
Gemüsenudeln al forno 155
Bulgur
Bulgur-Gemüsepfanne 146
Bulgursalat 134
Bowl-Fantasien 136

C/D

Cannelloni
Cannelloni mit Gemüsefüllung 148
Champignons
Mediterrane Gemüsepfanne mit Joghurt-Minz-Soße 152
Überbackene Schweineschnitzel 153
Chili
Linsenbolognese 166
Couscous
Gefüllte Paprikaschote auf Tomatensoße 143
Dinkelmehl
Helle Soße 163
Schneller Tassenkuchen 189
Zimtschnecken 190
Dinkelvollkornmehl
Erdbeercrumble 186
Mandelmuffins 197
Pfannkuchen vom Blech 168
Quarkbrötchen 113
Quarkküchlein 194
Vanillehörnchen 195

E/F

Eier
Arme Ritter aus dem Ofen 123
Klassischer Kartoffelsalat 141
Erbsen
Superschneller Nudelsalat 142

Erdbeeren
Erdbeercrumble 186
Fruchtsoße 193
Feldsalat
Feldsalat mit Tomaten und Pistazien 138
Feta
Bowl-Fantasien 136
Fladenbrot-Calzone 156
Gefülltes Fladenbrot 122
Vegetarisch grillen 176
Fisch
Curry-Fisch mit Lauch 174
Schlemmerfilet 183
Fladenbrot (Pide)
Fladenbrot-Calzone 156
Vegetarisch grillen 177
Frischkäse
Rote-Linsen-Aufstrich 114
Zucchini-Käse-Suppe 130

G/H

Gewürzgurken
Klassischer Kartoffelsalat 141
Superschneller Nudelsalat 142
Grieß
Quark-Aprikosen-Auflauf 188
Gnocchi
Gnocchi „rot, grün, weiß" 144
Hähnchen
Hähnchentopf 182
Italienisches Blech 147
Haferflocken
Guten-Morgen-Müsli 119
Haferflockenknusperkekse 196
Knuspermüsli 118
Kokos-Porridge 120
Müsliriegel 116
Porridge to go 121
Reisbratlinge 169
Haselnüsse
Haferflockenknusperkekse 196
Müsliriegel 116
Heidelbeeren
Fruchtsoße 193
Himbeeressig
Himbeer-Senf-Dressing 139
Honig
Knuspermüsli 118
Müsliriegel 116

I/J

Joghurt
Guten-Morgen-Müsli 119
Mediterrane Gemüsepfanne mit Joghurt-Minz-Soße 152

K

Kakao
Schneller Tassenkuchen 189
Kartoffeln
Feine Linsensuppe 129
Gartengemüseauflauf 173
Gemüsecremesuppe mit Topping 125
Italienisches Blech 147
Kartoffel- und Möhrenstifte mit Kräuterquark 154
Kartoffel-Spitzkohl-Eintopf 172
Klassischer Kartoffelsalat 141
Moussaka 167
Ofengemüse mit buntem Quarkdip 160
Vegetarisch grillen 175
Kichererbsen
Bowl-Fantasien 136
Gefüllte Wraps 149
Hähnchentopf 182
Kichererbsencreme 115
Mediterrane Gemüsepfanne mit Joghurt-Minz-Soße 152
Toppingideen 126
Kidneybohnen
Gefüllte Wraps 149
Kirschen
Fruchtsoße 193
Quarkküchlein 194
Knoblauch
Vegetarisch grillen 177
Kohlrabi
Bratwurstspieße 180

Bulgur-Gemüsepfanne 146
Gartengemüseauflauf 173
Kokosflocken
Kokos-Porridge 120
Kokosmilch
Gnocchi „rot, grün, weiß“ 144
Curry-Fisch mit Lauch 174
Kopfsalat
Gefülltes Fladenbrot 122
Kürbis
Gemüsecremesuppe mit Topping 125

L/M

Lachs
Lachsauflauf mit grünem Spargel 170
Lauch
Curry-Fisch mit Lauch 174
Italienische Polenta 158
Toppingideen 126
Lauchzwiebeln
Pfannkuchen vom Blech 168
Linsen
Bowl-Fantasien 136
Feine Linsensuppe 129
Linsenbolognese 166
Linsensalat mit roter Bete 133
Rote-Linsen-Aufstrich 114
Mandeln
Knuspermüsli 118
Mandelmuffins 197
Pesto 162
Schlemmerfilet 183
Mandeldrink
Vanillesoße 192
Mango
Mangocreme 187
Milch
Helle Soße 163
Vanillesoße 192
Minze
Mediterrane Gemüsepfanne mit Joghurt-Minz-Soße 152
Reisbratlinge 169
Möhren
Cannelloni mit Gemüsefüllung 148
Feine Linsensuppe 129
Gemüsenudeln al forno 155
Hackfleischsoße 165
Kartoffel- und Möhrenstifte mit Kräuterquark 154

N/O

Nudeln → Vollkornnudeln
Nüsse → Haselnüsse

P/Q

Pak Choi
Gnocchi „rot, grün, weiß“ 144
Paprika
Bulgursalat 134
Bunter Nudelsalat 140
Fladenbrot-Calzone 156
Gefüllte Paprikaschote auf Tomatensoße 143
Gefüllte Wraps 149
Überbackene Schweineschnitzel 153
Parmesan
Pesto 162
Schlemmerfilet 183
Pastinaken
Ofengemüse mit buntem Quarkdip 160
Pistazien
Feldsalat mit Tomaten und Pistazien 138
Polenta
Italienische Polenta 158
Polentaecken mit Ratatouille 159
Puddingpulver
Mangocreme 187
Vanillesoße 192
Zimtschnecken 190
Quark
Cannelloni mit Gemüsefüllung 148
Express-Eissplittertorte 185
Kartoffel- und Möhrenstifte mit Kräuterquark 154
Mangocreme 187

Ofengemüse mit buntem Quarkdip 160
Quark-Aprikosen-Auflauf 188
Quarkbrötchen 113
Quarkküchlein 194
Vanillehörnchen 195

R

Rapsöl
Himbeer-Senf-Dressing 139
Reis → Vollkornreis
Rind
Hackfleischsoße 165
Moussaka 167
Rote Bete
Linsensalat mit roter Bete 133

S

Schafskäse → Feta
Schmand
Brokkoli-Schmand-Suppe 132
Schokolade
Express-Eissplittertorte 185
Schwein
Bratwurstspieße 180
Überbackene Schweineschnitzel 153
Senf
Himbeer-Senf-Dressing 139
Sonnenblumenkerne
Bowl-Fantasien 136
Spargel
Lachsauflauf mit grünem Spargel 170
Spitzkohl
Kartoffel-Spitzkohl-Eintopf 172

T/V

Thunfisch
Gefüllte Zucchini mit Thunfisch auf Tomatensoße 150
Toast → Vollkorntoast
Tomaten
Feldsalat mit Tomaten und Pistazien 138
Tomatensoße 161
Gefüllte Zucchini mit Thunfisch auf Tomatensoße 150
Polentaecken mit Ratatouille 159
Toppingideen 126
Tomatencremesuppe 131
Tomatenmark
Bulgursalat 134
Kichererbsencreme 115
Tortillas
Gefüllte Wraps 149
Trockenobst
Porridge to go 121
Vanille
Vanillehörnchen 195
Vanillesoße 192
Vollkornnudeln
Bunter Nudelsalat 140
Gemüsenudeln al forno 155
Superschneller Nudelsalat 142
Vollkorntoast
Arme Ritter aus dem Ofen 123
Vollkornreis
Mediterrane Gemüsepfanne mit Joghurt-Minz-Soße 152
Reisbratlinge 169

W/Z

Wassermelone
Vegetarisch grillen 179
Zimt
Zimtschnecken 190
Zucchini
Bunter Nudelsalat 140
Gefüllte Zucchini mit Thunfisch auf Tomatensoße 150
Vegetarisch grillen 176
Zucchini-Käse-Suppe 130
Zwiebeln
Bulgur-Gemüsepfanne 146
Hackfleischsoße 165
Zwiebelsoße 164
Zuckerschoten
Vegetarisch grillen 176

Stichwortverzeichnis

A/B

Achtsamkeit 33, 94 ff.
Adipositas 15, 24
Alkohol 29
allergische Reaktion 41
Aquafaba 40, 82
Aufräumen 79
Backen, vegan 39
Ballaststoffe 20
Bauchschmerzen 40
Beerenfrüchte, gefrorene 76
Bezugsperson 17
Bio-Lebensmittel 63 ff.
Brot 20
Bundeszentrum für Ernährung (BzfE) 16
Coronapandemie 25, 50, 92

D/E

Deutsche Gesellschaft für Ernährung (DGE) 15, 107 f.
Diabetes mellitus Typ 2 15, 24
Durchfall 40
EAT-Lancet-Kommission 42
Einfrieren 76
– nicht möglich 78
Einkauf 62 ff.
Einkaufsliste 67–68
Eiweiß 35 f.
Energiebedarf 16, 44 → Tagesenergiebedarf
Erkrankungen, ernährungsabhängige 24
Ernährung, altersgemäße 18
Ernährung, ausgewogene 16, 35
Ernährung, gesunde 15
– Definition 15 f.
– erlernen 46 ff.
– für die ganze Familie 27
– für Erwachsene 26 f.
– für Kinder 18, 24 f., 46
– planetenfreundliche 41 f.
– unterwegs 107
– Wochenplanung 55
Ernährungserziehung 18, 46
Ernährungsgewohnheiten 17
– gesundheitsförderliche 17
– regionale 26
– kulturelle 26
– religiöse 26
Ernährungspyramide 19
Ernährungsweise 35 ff.
Essen
– als Belohnung 46
– als Strafe 46
– aus Langeweile 50
– aus Stress 50
Essigwasser 70
Esskultur 46 f., 89
Essstörung 48

F/G

Fast Food 15, 28, 53
Festessen 16
Fette und Öle, pflanzliche 28, 45
Fette, tierische 29
Fertiggerichte 101 ff.
– aufpeppen 103

Fertigmüsli 19
Fisch 20, 22, 28, 32, 39
Fitness 15
Fleisch 20, 22, 28, 32, 39
Fleischersatzprodukte 38 f.
Flexitarier 38
Forschungsdepartment Kinderernährung (FKE) 24 f., 37, 51
Fridays for Future 35
Frühstück 19, 21, 23, 26, 36, 57, 107
Gemüse 19 f., 22 f., 31 f., 35 ff., 46 ff., 60, 64, 68 ff., 76, 82
– Tiefkühl- 75, 101, 103, 111
Getränke 19
Getreide und Getreideprodukte 20
Glutenunverträglichkeit 41

H/I/J

Handmaß → Handmodell
Handmodell 20 f.
Handy 92
Hauptmahlzeit 21, 23 f.,26, 57 ff., 107
Heißhunger 27
Homeoffice/Homeschooling 25, 92
Hülsenfrüchte 20, 27, 29 f., 35 ff., 43 ff.
Hunger 23, 31, 47, 55, 95, 107
Hygieneregeln
– fürs Einkaufen 64
– für den Umgang mit Lebensmitteln 83
– für die Küchenreinigung 87
– für die Lagerung von Lebensmitteln 69
– für die Vorbereitung zum Kochen 81
Joghurt 20

K/L/M

Kartoffeln 20, 23, 30, 40, 58, 74, 78, 86, 100
Käse 20
Kalzium 26, 28, 36 ff.
Kind 18 ff.
– Lebensmittelmengen 22
– Portionsgröße 21
Kinderarzt 37
Kinderwunsch 37
Kita
– Verpflegungsangebot 108
Klima 35, 41 ff.
klimabewusst essen 41 ff.
Kochen 82 ff.
– als lästige Pflicht 18
– lernen 105
– mit Kindern 84, 105
– selbst 28, 53
– vegetarisch 40
Kochkompetenz → Kochen lernen
Kohlenhydrate 20
Konzentrationsfähigkeit 23
Küche, schnelle 97 ff.
Küchenausstattung 79
Küchengeräte 79
Küchenutensilien 79
Lagerungstipps
– für den Kühlschrank 70 f.
– für den Tiefkühlschrank 75 ff.
– für den Vorratsschrank 73 ff.
Laktoseintoleranz 38, 41, 103
Lebensmittel
– einräumen 69 ff.
– transportieren 69
– in Bioqualität 63
– Lagerung 69 ff.
– pflanzliche 27
– speziell für Kinder 51
– ungesunde 48
Lebensmittelmengen 30 ff.
– für Erwachsene 32
– für Kinder 22
– pro Person und Mahlzeit 32

Lebensmittelunverträglichkeiten 40 f.
Leistungsfähigkeit 21
Lieferdienst 53, 109
Light-Produkte 52
Mahlzeit
– Bedeutung für das Familienleben 17, 48
– Definition 23
– gemeinsame 17, 89 ff.
– Vorbereitung 81
Mahlzeitenplanung 56 f.
Makronährstoffe 16
Meal Prepping 99 ff.
Mengen pro Mahlzeit 32 f.
Mikronährstoffe 16
Milch und Milchprodukte 20, 28, 37 f., 44 f.
Milchersatzprodukte 38
Mindesthaltbarkeitsdatum 72 f.
Mineralstoffe 20, 23, 35
Mischkost, ausgewogene 36

N/O/P

Nährstoffe 17, 21
Nährwerttabelle 101, 103
Nahrungsergänzungsmittel 52
Nüsse 28 ff., 36, 43 ff., 66, 102
Nussmus 66
Nutri-Score 101
Obst 20, 44 f.
optimierte Mischkost 25
Pausenfrühstück 107
Pflanzendrink 28, 36, 39, 82
Planetary Health Diet 41 f.
– Lebensmittelmengen 45
Pommes 18, 30, 50
Portionsgrößen 20 ff. → Handmodell

Q/R/S

Restaurant 35, 109
Resteverwendung 33, 86 f.
Rezeptdatei 57 ff.
Salz 27
Schlafqualität 23
Schulmahlzeit 25
Snack 18, 20, 31, 50, 57, 66, 107
solidarische Landwirtschaft 68
Sozialleben 50
Sport 17, 92
Stillen 25
Süßigkeiten 20, 27, 50, 53
Süßungsmittel 29, 102 f.
Superfood 29

T/U/V

Tagesenergiebedarf 51
Teenager 21, 33, 93
Tiefkühlgerichte 101
Tischmanieren 91
Transportwege 29, 64
Übergewicht 25
vegane Ernährung 37 ff.
– bei Kindern 37
vegetarische Ernährung 35 ff.
Verbrauchsdatum 73
Vitamin B 12 37
Vitamine 15, 19, 23, 26 f. 35, 40, 75, 103
Vollkorngetreide 36, 45
Vorbildfunktion der Eltern 17, 24, 29, 46, 95
Vorkochen 97 ff.
Vorratshaltung 74

W/Z

Wochenplan 62 ff.
Wurstwaren 29, 44
Zubereitungsarten 30 f.
Zucker 28, 45, 102 f.
– reduzieren 28 f.
Zuckeralternativen 28, 102
Zwischenmahlzeit 21, 23

Bildnachweis

123RF
Seite 14: iakovenko
Seite 19: happylark
Seite 34: anaumenko
Seite 43 (re.): lightwise
Seite 47: halfpoint
Seite 65: kitten200
Seite 96: novegor

Adobe Stock
Seite 21: tostphoto
Seite 54: asiandelight
Seite 88: Monkey Business
Seite 104: Pixel-Shot

shutterstock
Seite 43 (li.): Anna_Pustynnikova
Seite 74: Fotografiche
Seite 85: Nenad Aksic
Seite 94: Levranii

Christian Hacker
alle Rezeptfotos
Seite 6, 7 und 61

Sonstige
Seite 102: Verbraucherzentrale NRW
Seite 108: © DGE e. V.

1. Auflage 2022

ISBN 978-3-86336-162-4

Impressum

Herausgeber
Verbraucherzentrale
Nordrhein-Westfalen e. V.
Mintropstraße 27, 40215 Düsseldorf
Telefon: 02 11/38 09-555
Telefax: 02 11/38 09-235
ratgeber@verbraucherzentrale.nrw
www.verbraucherzentrale.nrw

Autorin
Claudia Krüger

Ernährungswissenschaftliche Betreuung
Nicole Schlaeger

Lektorat
Christina Seitz, Düsseldorf
www.christina-seitz.de

Koordination
Wibke Westerfeld

Fotos Rezeptteil
Christian Hacker

Foodstyling
Wibke Westerfeld

Gestaltungskonzept
Lichten Kommunikation und Gestaltung, Hamburg, www.lichten.com

Layout und Satz
Elke Günzel, two-up, Düsseldorf
www.two-up.de

Umschlaggestaltung
Ute Lübbeke, Köln
www.LNT-design.de

Druck
DCM Druck Center Meckenheim, Meckenheim

Redaktionsschluss: Mai 2022